Terapia Angélica

Listado obras Doreen Virtue en Tredaniel :

La ayuda diaria de los arcángeles : oráculo
Terapia angelical : cartas oráculo
Cartas adivinatorias de los maestros ascendidos : cartas oráculo
Cartas adivinatorias de los arcángeles : cartas oráculo
El arcángel Miguel : cartas oráculo
El propósito de la vida : cartas oráculo
Cartas adivinatorias de los santos y de los ángeles
Arcángel Rafael: cartas adivinatorias
María, Reina de los Ángeles : cartas adivinatorias
El Tarot de los Ángeles : cartas oráculo
Señales, enviadas desde el cielo

Terapia Angélica

Mensajes sanadores para todas las áreas de su vida

Por Doreen Virtue
y el Reino Angélico

Guy **Trédaniel** ediciones
19, rue Saint-Séverin
75005 París

Título del original en inglés :
ANGEL THERAPY, Healing Messages for Every Area of Your Life
Traducción al español : Adriana Miniño : adriana@mincor.net

ISBN : 978-2-8132-0357-1

www.editions-tredaniel.com

A Pearl y a Frederique

Doreen Virtue

A ustedes que son la luz infinita del universo

Los ángeles

Contenido

SEGUNDA PARTE: Comunicación, sanación y convivencia con los ángeles

Prefacio por Doreen Virtue

Tarde en la noche, siendo una niña pequeña, de repente me despertaba a veces una fuerza intensa y amorosa. En mi oscura habitación, veía destellos de luces y me sentía rodeada de un amor que no era de este mundo, permitiéndome reconocer que mis ángeles estaban cerca de mí. Luego, me dormía de nuevo profundamente, con la certeza de que estaba a salvo y protegida por seres grandiosos y gentiles.

Con el paso de los años, en la época en que estudiaba mi doctorado, me casé y tuve hijos, perdiendo entonces el contacto con los ángeles. Aunque me seguía gustando todo lo relacionado con ellos, dejé de hablarles. En ocasiones, escuchaba una voz espiritual que me dirigía a aplicar ciertos cambios en mi vida. Sin embargo, debido a que mi vida era tan agitada y ocupada, a menudo ignoraba la guía y la sabiduría de mis ángeles.

Todo cambió el 15 de julio de 1995, mientras me vestía para asistir a una cita que tenía en una iglesia en Anaheim, California. Escuché la voz de un ángel por encima de mi oído derecho que me decía: "Doreen, más te vale que bajes la capota de tu auto, si no lo haces, te lo van a robar." Yo tenía mucha prisa y consideré la voz más como una molestia que una ayuda.

Pensé: *¡No tengo cinco minutos de más para bajar la capota!* Mi convertible blanco luce como un auto común y corriente cuando la capota está levantada, pero cuando está abajo, luce un poco más ostentoso. Evidentemente, el ángel deseaba que fuera discreta para no llamar la atención de un ladrón de autos. La voz seguía advirtiéndome sobre los ladrones, pero insistí tercamente que no tenía tiempo que perder.

Camino a mi cita, sentí que una energía negativa rodeaba mi auto como una densa niebla. Algo me dijo: "Están mirando mi auto con la intención de robarlo." Estaba segura de que alguien lo robaría, entonces pedí protección orando mientras me estacionaba en la iglesia donde tenía mi cita. Dejé el auto cerca de la iglesia, y al desmontarme, una voz masculina gritó detrás de mí que le entregara las llaves y mi cartera. ¡La advertencia de mi ángel había sido acertada!

Mi guía interior me decía que gritara con todas mis fuerzas. Mis chillidos llamaron la atención de una mujer en su auto al otro lado del estacionamiento, quien comenzó a tocar bocina sin cesar. Todo ese alboroto hizo que salieran los feligreses de la iglesia, entonces el ladrón y su cómplice salieron corriendo. Salí ilesa del incidente, conservando mi cartera y mi auto. Cuando llamé a la policía para informarles del crimen, me enteré que ese día había ocurrido una cadena de crímenes conducida por ladrones de autos armados con una pistola y un cuchillo.

Ese día aprendí mi lección, ¡debía siempre escuchar a los ángeles! No solamente comencé a escucharlos, sino que también les pedía constantemente su guía y su ayuda. Cuanto más tiempo pasaba conversando con los ángeles, más fácilmente podía escuchar su sabiduría amorosa.

En mis sesiones de terapia, comencé a ayudar a mis clientes a escuchar a sus ángeles. Hoy en día, a menudo actúo como intermediaria para entregarles sus mensajes. El poder sanador de los ángeles excede cualquier terapia "humana" de la cual yo haya sido testigo. Los ángeles tienen dones maravillosos de Dios para nosotros. Por eso me emociona tanto que muchos de nosotros deseemos conectarnos con estos mensajeros divinos.

Los ángeles ven las situaciones ordinarias desde un punto de vista diferente al nuestro. Sus mensajes nos ayudan a sanar nuestras creencias e ideas por medio de su perspectiva empoderadora y amorosa. Ellos nos enseñan a usar nuestros sentidos espirituales para ver, escuchar, sentir y conocer el mundo real que transciende los problemas del mundo de las apariencias.

La forma de expresarse y el vocabulario de los ángeles es a menudo es distinto al nuestro. Esto es en parte debido a que ven el mundo de forma distinta a como nosotros lo vemos en general. Ven todo con amor y compasión, y sus prioridades difieren de las nuestras. Puesto que los ángeles usan por completo sus sentidos espirituales, pueden ver, sentir, percibir y escuchar las cosas más allá del mundo físico. Éstas son algunas de las razones por las cuales los mensajes angélicos de la Primera parte de este libro pueden ser, en apariencia, difíciles de leer. Sin embargo, si usted dedica un tiempo a su lectura y a meditar en sus palabras, pienso que pronto se acostumbrará a la cadencia y a la perspectiva originales de los ángeles. Déjese llevar por su hermosa visión y descubrirá el poder sanador que conllevan sus mensajes.

Los ángeles en verdad nos ofrecen sabiduría práctica, que puede ser puesta en acción de inmediato. Ellos nos enseñan formas de sanar nuestras relaciones, nuestras profesiones y nuestra salud. Aparentemente, no existe un problema que sea demasiado pequeño ni vergonzoso para los ángeles. Nos dicen claramente: *"Entreguénnos todo y nosotros lo llevaremos a la luz de Dios, en donde el Amor purifica todos los problemas posibles."*

Espero que con este libro logre sumergirse por completo en la energía sanadora de los ángeles tanto en la tierra como en el cielo. Este libro consta de dos partes. En la primera, los ángeles canalizaron todo el texto. Después de pedir su guía, yo perdía la conciencia de mi cuerpo, mientras el Reino Angélico transcribía, a través de mi mente y mis manos, directamente en el teclado de mi computadora. Con frecuencia, escuchaba sus palabras al tiempo que mis manos digitaban y éstas aparecían en la pantalla de la computadora. En otras ocasiones, las palabras evadían por completo mi percepción consciente manifestándose directamente en la pantalla.

Muy rara vez estuve consciente de lo que los ángeles escribían a través de mí. De hecho, a veces creía, sinceramente, que lo único que estaba escribiendo eran palabras sin sentido. Cuando dejaba de escribir, estaba segura de que sólo encontraría letras disparatadas en lugar de palabras y frases coherentes. Luego, cuando leía el material canalizado, ¡los mensajes profundos y dulces de los ángeles me conmovían por completo!

Tengo varias razones para creer que la canalización de los ángeles no es producto de mi propia imaginación. Primero que todo, muchas de las ideas y perspectivas que me llegaban eran totalmente nuevas para mí, y no reflejaban nada que hubiera leído, aprendido o meditado personalmente en mi vida.

En segundo lugar, el vocabulario y la sintaxis eran distintos a los míos. A menudo, los ángeles escogían palabras que me eran extrañas. O me dictaban palabras que aparentemente no tenían sentido. En esos momentos les preguntaba: "¿Están seguros que ésta es la palabra que desean que escriba?" Ellos me confirmaban su uso, o corregían mi comprensión de la intención de sus frases. Por ejemplo, una vez escribí la palabra "saltar" cuando en verdad me habían canalizado la palabra "cantar". También buscaba en el mejor de mis diccionarios algunas palabras de los ángeles que eran desconocidas para mí, y descubría invariablemente que no solamente la gramática y el uso de sus palabras eran correctos, sino que, además, reflejaban deliberadamente la intención de transmitir un contenido específico.

Algunas veces, cuando leía de nuevo las canalizaciones de los ángeles, descubría que no era una palabra o una frase en especial lo que me conmovía, era la tónica general del párrafo. La energía angélica es suave y aterciopelada. Si uno la midiera en un osciloscopio, su vibración estaría sin duda en los rangos más elevados de frecuencia.

Jill Kramer, directora de la editorial Hay House, y yo hemos dejado los mensajes intactos (prácticamente sin editar), para que usted lea las palabras tal cual los ángeles me las entregaron. La única edición a los mensajes originales consistió en añadir signos de puntuación, separar oraciones y párrafos seguidos y corregir la ortografía. En ocasiones, decidí eliminar frases redundantes o ambiguas. También redacté de nuevo algunas frases que no estaban claras debido al uso de vocabulario arcaico. Con el mismo propósito, borré algunas palabras o frases, las cuales, en mi opinión, dificultaban la lectura; por ejemplo, cambié "en estos precisos momentos" por "en estos momentos." Realicé estos cambios con la aprobación de los ángeles, y solamente cuando la redacción producía mayor claridad sin perder el contenido de los mensajes. Otras veces, cuando le pedí a los ángeles que expresaran con otras palabras una frase para que tuviera un lenguaje más contemporáneo, me ayudaron de muy buena gana. También me pidieron que dejara algunas frases que para mí eran confusas, asegurándome que con el tiempo las llegaría a comprender.

Cuando canalicé por primera vez al Reino Angélico, no podía soportar su elevada frecuencia por periodos largos. Después de quince minutos de canalizar, mi cabeza se embotaba. Al igual que ocurre cuando uno consume un chocolate muy rico, la energía de los ángeles era tan deliciosa y dulce que no podía con más de un trozo a la vez. Poco a poco, a través de los pasos descritos en la Segunda parte de este libro, mi propia frecuencia se purificó y se elevó para así lograr canalizar por periodos más largos.

Los mensajes angélicos vibran a un nivel tan elevado que puede ser difícil digerir más de unas cuantas páginas de una sola vez. En parte, esta dificultad proviene de nuestro ego que no desea que nos comuniquemos con los ángeles. El ego sabe que si escuchamos siempre a Dios y a los ángeles, eliminaremos los temores. Y la fuerza vital del ego es el miedo. Por esta razón, su ego podría intentar disuadirlo de comunicarse con sus ángeles. Algunos de los "trucos" del ego incluyen: sentir sueño, hambre, sed o distraerse mientras lee los mensajes de los ángeles o intenta comunicarse con ellos.

Los ángeles nos presentan mensajes sanadores y reconfortantes relacionados con varias condiciones humanas tales como el miedo, las adicciones y la situación económica. Puede ser que usted desee leer páginas específicas relacionadas con una situación actual en su vida. También es útil sencillamente hojear el libro y leer la página que se abra espontáneamente. Advierta la perfección con que esa página se ajusta a sus preguntas y deseos actuales.

En sus mensajes, los ángeles no sugieren siempre cosas específicas que debemos "hacer" para sentirnos mejor. La sanación proviene de un nivel más profundo, cuando activa cambios en nuestra perspectiva o en nuestras decisiones para deshacernos de creencias dolorosas. Las palabras de los ángeles emanan del amor, y solamente con leer esos mensajes se elevan nuestros pensamientos y sentimientos, yendo de la frecuencia del temor a la frecuencia del amor. Vibramos al nivel angélico y permitimos que nuestras ideas asciendan y se remonten a su rango de energía celestial.

En la Segunda parte de este libro, ofrecemos una guía específica para crear relaciones más cercanas y comunicarse con el reino espiritual. Sea que usted decida o no hablar con los ángeles, Dios, Jesús, algún otro ser espiritual o uno de sus seres queridos que haya muerto, encontrará aquí todas las herramientas disponibles para la comunicación divina. Los ángeles me han pedido enfatizar que sus mensajes en este libro, son solo uno de los muchos pasos en el sendero sanador del crecimiento espiritual. Use sus palabras para abrir una puerta de luz en cualquier área de su vida donde le parezca que reine la oscuridad. Luego, pídale ayuda a sus ángeles para ampliar ese rayo de luz hasta que llene toda su conciencia e impregne su vida.

Prefacio por el Reino Angélico

Eres ciertamente un ángel terrenal enviado por Dios para realizar obras milagrosas de amor y caridad. Eres amado y amoroso, y los ángeles celestiales estamos aquí para apoyarte y guiarte. Te ayudaremos a purificar tu vida, y el recipiente de tu vida, para que armonice con la sinfonía infinita de la música terrenal que compartes.

Este libro es un vehículo para compartir con aquellos que desean elevar sus vibraciones interiores para que más y más luz pueda entrar en su esfera. Sabemos que a veces sufres sin necesidad, porque crees que estás solo y no tienes amigos. ¡Te aseguramos que no es cierto! Siempre estamos disponibles para guiarte y confortarte, y enviaremos la luz del amor a cualquier problema con el que puedas estar lidiando. Déjanos compartir tu dolor y te iluminaremos para sacarlo de tu vida.

Cada uno de ustedes es distinto; no obstante, de muchas maneras también son todos iguales. En las páginas de este libro, hemos guiado las manos y la mente de Doreen Virtue para compartir con ustedes algunas de nuestras ideas relacionadas con los problemas terrenales más comunes. Igualmente, deseamos que sepan que estamos disponibles para consultas personales según sea necesario. Cuando te sientas solo y triste, mira hacia el cielo. Siempre hay un ángel contigo donde estés, quien, si no logra traer todo el coro celestial a tu conciencia, por lo menos la puedes poner en orden junto a tu corazón y así lograr la paz.

Deshazte de las sombras del sufrimiento, y hojea las páginas de este libro cada vez que te sientas solo o deprimido, o cuando sientas necesidad de inspiración. Los temas están en orden alfabético para que puedas ir al

Contenido y ver cuál es la nota inspiradora que te brindará una bendición en un día determinado.

También nos gustaría sugerirte que permitas que tu mente divague y, sencillamente, abras una página del libro. Confía en que su guía te permitirá encontrar la página que pueda causarte la mejor impresión en un día particular. La radiación de tu vibración atraerá magnéticamente hacia ti las palabras apropiadas para que pongas tu vida en orden.

Mientras lees, ten fe en lo que escuchas en tu interior, pues tus propios ángeles cantarán en armonía con nuestras palabras. La belleza de tu coro interior es causa de gozo para ti, si permaneces en calma mientras lees este libro.

Nuestra mayor alegría es encender la llama del amor divino en tu corazón, calmar tu sed y tu hambre de mayor gozo interior. Este anhelo de amor, sabemos, te alejará de las preocupaciones materiales y te colocará en el sendero bien merecido de la luz dorada que te llevará directo al cielo. Este sendero en tu interior espera tu deseo ahora mismo, y estamos aquí, siempre pacientes y gustosos de ayudarte cada vez que sientes tu paso inseguro. Solo hace falta un pensamiento, un grito de ayuda, y estamos ahí contigo.

Amado, estamos siempre contigo. Te pedimos que nos envuelvas en las alas de tu corazón, y que llores sobre nuestros hombros hasta que tus lágrimas dejen de fluir. Estás aquí en casa con nosotros, y jamás te has separado de nuestro lado. Es verdaderamente hermoso contemplarte; y lavamos tus lágrimas de dolor recordándote que lo único que tienes que hacer es permanecer alegre, porque Dios te ha creado por siempre y para siempre como nuestro hermano y hermana.

PRIMERA PARTE

Mensajes sanadores

Aburrimiento

Nos parece interesante el término *taladrar** en tu vocabulario. Significa abrir un hoyo en algo, ¿no es así? ¿Y no estás de acuerdo en que el aburrimiento es semejante a sentir un vacío, como si te hubieran hecho un agujero?

La sanación proviene entonces al formularle esta pregunta a ese vacío en tu interior: "¿Qué has venido a enseñarme?" Recuerda que el vacío se llena siempre tan pronto se aclara la intención de llenarlo. Entonces, tu alternativa es solamente descansar tu mente. ¿Con qué la llenarás? Ciertamente, no con lo mismo que te ha llevado al aburrimiento.

¡Invítanos a llenarte y a sanarte! ¿Sabías que tus ángeles podemos volar a cualquier lugar, inclusive al interior del cuerpo y a la esencia de tu alma? Entramos a donde nos inviten, por esa razón harás buen uso de tu tiempo si contemplas apaciblemente la manera de llenarte de cariño y amor. Demasiados seres permanecen y sufren culpando al mundo exterior por sus penurias. Esta experiencia les ha enseñado la inutilidad de la culpa externa, y, sin embargo, continúan practicando esta conducta porque no conocen nada más.

Cariño, estamos aquí para decirte que hay una forma distinta de observar el aburrimiento. Como dijimos, tu vacío se llena al momento en que *decides* llenarlo. Te pedimos que selecciones con mucho cuidado lo que quieres usar para llenar tu vacío. Lo que tú eliges te llega en el momento en que lo decides, así de poderoso eres.

Si contemplas el sufrimiento, entonces eliges llenarte de pesar. Desde nuestra perspectiva, el sufrimiento luce como una enredadera verde y enjuta, colgando de las cavidades del pecho de las personas como una selva húmeda y sombría. Probablemente, no estarías tan dispuesto a elegirla si pudieras ver sus colores tan desvaídos. Estas enredaderas bloquean y dificultad tu camino interior, y sabemos cuánto te fatiga presionarte a ti mismo.

El aburrimiento es simplemente un mensaje atraído por tu ser superior a tu conciencia. Es un don, querido, y tan pronto decides verlo así, te reirás ante la suave presencia del lugar en tu interior en donde se toman todas las decisiones. Mira el aburrimiento como mirarías una barricada en tu camino que te haría tomar un atajo hacia otro lugar. Sabes que cuando estás aburrido, ¡algo está mal! E ignorar los problemas es una forma de enzarzarse en el aburrimiento.

Eres verdaderamente inocente y tienes derecho a sentirte como te sientes, dulce y santo hijo. Tus sentimientos de aburrimiento te llevan gentilmente, si los dejas, a un lugar en donde eres deseado y en donde tú deseas estar. No opongas resistencia al aburrimiento, deja que él te arrastre, y muy pronto te harás amigo íntimo de ese lugar en tu interior que es el ahora.

(**Nota de la traductora:* Juego de palabras. La palabra *bore* en inglés tiene doble significado: taladrar y aburrirse.)

Abuso infantil

Hemos visto sufrir de muchas formas a muchos de nuestros pequeños y desearíamos que esto dejara de ocurrir. La energía de nuestro corazón le ofrece alivio a los pequeños que sufren innecesariamente en manos de adultos llenos de temor. Pero sabemos que nuestras condolencias solo ayudan a acumular más ira, por esta razón les ofrecemos otra solución.

¿Sabes que si dejas todo y oras durante una hora diciendo: "Todo esto se solucionará", puedes detener el tiempo en el cual la oscuridad pretende ser la luz? Atraviesas el velo de la oscuridad y revelas su verdad a la luz para que la oscuridad se apague hasta convertirse en un pálido escenario, en donde la dulce tonalidad de la música resplandece en alegría, formándose un círculo de amistad en el que todos se toman de la mano.

No esperes un momento más, porque te apoyamos desde el cielo y vigilamos y guiamos tus oraciones por los niños. Aun así, un simple apretón de manos del cielo no es suficiente para desenterrar la perpetración de esta crueldad hacia nuestros niños. Necesitamos testamentos de aquellos que como ustedes, sienten un interés tan profundo por los niños que se han congelado por la indecisión al preguntarse: "¿A quién debo ayudar?" y "¿Qué puedo hacer?"

Supera con gracia y unidad esta indecisión que paraliza tus acciones y reprime el amor que existe en tu interior. Te estamos llamando a la acción, no con el corazón lleno de ira, sino con el corazón tan lleno de amor que logre derretir la oscuridad de aquellos que le harían daño a los niños.

Amado, ¿sabes lo que te estamos diciendo? Te estamos llamando para que acudas a nuestros corazones y así podamos unir todas las almas interesadas en un esfuerzo aunado para sanar la causa de este sufrimiento. No hay una solución en la tierra para finalizar el sufrimiento de millones de niños, entonces te pedimos ceses de analizar el sufrimiento con la esperanza de que esto conlleve a su cura. Precioso hijo de nuestro Santo Creador, ¡estudiar esto solamente atrae más sufrimiento!

No intentes sanar el dolor por medio de tu análisis profundo. Ve más bien a tu interior hacia Aquél que conoce todas las respuestas. Y cuando Él descubra las decisiones a tomar y te invoque para que conviertas en acciones tus habilidades, no debes dudar ni permanecer estático pensando que quizás Su llamado fue equivocado Dios no comete errores, y ¡Él sabe perfectamente de lo que tú eres capaz en este momento!

Permanece alegre mientras el Creador incorpora tu amoroso ser en Su poderoso plan para terminar todo el sufrimiento sobre la tierra. Él es magnificente y tú eres Su milagro más grandioso. No debes prolongar ni un instante más tu tristeza, investigando si el llamado a la grandeza en tu interior es o no real. Confía en que lo es, y te sentirás envuelto en el poderoso amor que te rodea ahora mismo.

Descubres tu grandeza, que es causa de la sanación de todos los errores de la humanidad, cuando desenmascaras tus ojos de la ceguera que oculta la conciencia de Su amor. No cometas más errores con estos hijos preciados a quienes Él ha dejado a tu cuidado, amado nuestro. Has sido llamado a guiarlos y cuidarlos de la manera en que Él te lo indica.

Pídele que te dirija hacia el cambio social que enciende tu pasión. Él es el instrumento de sanación y tú eres Su causa social. Tú eres el combustible que le proporciona amor a muchos padres y sana sus corazones del temor y les lleva consuelo. Sana sus temores y sus culpas, para que puedan ellos postrarse de rodillas ante el Todopoderoso que los ama intensamente. Abandona pronto tus juicios para que la luz pueda fluir a través de ti, e inunda a todos aquellos con quienes hablas.

No debes dirigir este flujo sanador de ninguna manera que no sea como la naturaleza ha determinado para ti. Solamente se te pide que abras las cortinas que contienen y sellan la luz de tu interior, y que te conviertas en una ventana claramente expuesta que permite indiscriminadamente que la luz del sol irradie a todos aquellos que tocas y ves. Eres una ventana a Dios para todos aquellos que Lo buscan, amado, y tus habilidades como guía son innatas en ti. Déjalas brillar mientras atraes a los demás hacia Su luz para que puedan sanarse y de esa manera manifestar su amor hacia los niños.

Todo está sano, ahora, en este instante que acudimos a Él. Cantemos todos en una sola voz: "Aleluya, aleluya, Su voluntad todopoderosa está al servicio amoroso de todos."

Adicciones

¿Qué es en realidad una sustancia? Muy en lo profundo de tu mente, recuerdas haber estado en el corazón de Dios. Recuerdas esa sensación de realización total, como cuando eras un embrión en el vientre de tu madre. Sentías tu totalidad respirar a la par con ella. Esa sensación de sincronización con otro ser, es la esencia del amor que extrañas en tu corazón y en tu alma.

Una sustancia es una masa de energía inerte cristalizada. En un sentido, una sustancia es yerta o inánime, pero en otro sentido está compuesta de los vestigios del amor de Dios, puesto que la forma de pensamiento no es más que una chispa divina de inspiración que conlleva a la creación. Aquellos de ustedes que se vuelcan en sustancias para aliviar la ausencia de Dios, están escogiendo la opción de un sustituto de menor calidad, pero aun así del mismo origen del recuerdo original de cercanía y calidez.

Considera lo siguiente: estás haciéndote uno con la sustancia en un abrazo interior con el deseo de terminar la pesadilla de la película exterior. Deseas un cambio interior que te lleve más cerca del cielo que anhelas para ti y para tu familia. Sin embargo, estás escogiendo una fuente externa para crear un estado interno. Los dos no pueden jamás reconciliarse, por lo tanto te has ubicado en una situación imposible. Estás, en esencia, atrapado en un limbo de frustración eterna porque no puedes forzar un clavo redondo a entrar en un agujero cuadrado por mucho que lo intentes una y otra vez.

La adicción a una sustancia logra extinguirse usando la misma llama eterna de deseo que la hizo arder en primer lugar. Usa la energía de tus ansias de amor para aplacar el ciclo infinito de tu persecución de amor. Ésta es la forma de hacerlo: pide construir una estación interior de amor y luz. Tan pronto empieces a soñar, pide que esta llama resplandezca mientras tu subconsciente asume el control durante la noche. Pide que esta llama extinga las impurezas que atraen tu atención, es decir, lo que es innecesario en tu mundo.

Durante tus sueños, es el mejor momento para pedirnos que nos encarguemos de tus asuntos, y haremos lo mejor que podamos para reordenar tus ideas y así lograr que la pirámide de tu atención se reconstruya en orden secuencial. Para la mayoría de ustedes en el presente, Dios es solamente una pequeñísima parte de su atención, algo que han puesto como una prioridad futura. Te pedimos que reconstruyas esta pirámide, y te ayudaremos a hacerlo, para que Dios conforme el escalón más básico y mayor de tu escala, la base de tu estructura y de tu pirámide. Te ayudaremos si lo deseas, pero tienes que hacer de esto tu intención.

Entréganos todos los pensamientos relacionados con tu adicción. Si esta adicción involucra o no a otra persona, no tiene importancia. Lo que deseamos que hagas es que concentres toda tu atención en nosotros mientras reconstruimos tus estructuras mentales respecto a Dios y hacemos que sueltes tus ideas respecto a tu adicción, la cual es un substituto de Dios. Haremos esto por ti si nos dejas. Pero no debes quedarte con nada, porque tu estructura mental debe ser reconstruida y debe renacer en su totalidad. Si te quedas con algo, digamos, por vergüenza, no podemos reconstruir el núcleo de tu estructura.

Entrega todo a tus ángeles, quienes ahora mismo te estamos rodeando, y construiremos un imperio en tu interior digno de Dios y de Sus ángeles. Te sentirás feliz de despertarte al amanecer mientras los rayos del sol cubren tu nueva y hermosa estructura, construida con tal solidez que hasta agradeces los espacios vacíos entre las columnas. Ya nunca más desearás llenar esos espacios vacíos con sustancias, porque ellos estarán llenos de luz dorada y amarilla, como los rayos del sol en los días más promisorios.

Agotamiento

¿Qué podría ser más aterrador que no te guste tu trabajo y no encuentres la salida a esta trampa mental? Son tantos los de ustedes que se encuentran en esta posición, que decidimos crear todo un capítulo al respecto. Desde nuestro lugar, vemos el agotamiento como un grito de ayuda y atención de tu cuerpo emocional. Así como tu cuerpo físico te dice que algo está mal cuando grita de dolor, así tu cuerpo emocional te envía señales claras.

¿Qué crees que tu cuerpo emocional está tratando de decirte con ese sentimiento que tú llamas "agotamiento"? Obviamente, sabes que esto significa que debes realizar algunos cambios en tu vida laboral. ¿Sabías que puedes realizar estos cambios y seguir cien por ciento seguro? ¡Es cierto! No debes dudar en escuchar a tu cuerpo emocional porque piensas que tu situación es vana. Estamos aquí para protegerte en todas las formas, incluyendo la transición necesaria para que tu profesión corresponda con las expectativas que tienes de ti mismo.

Digámoslo de esta manera: cuando sufres en silencio por tu empleo, estás bloqueando el flujo de luz en el mundo. Fuiste concebido para ser un gran sanador en cualquier cosa que hagas en tu trabajo. Cuando suprimes tus emociones al respecto, tu cuerpo emocional grita, se siente rechazado como un niño abandonado y despreciado. Puedes, entonces, comprender porqué explota y finalmente se da por vencido. Rendirse es un sentimiento mortal que acompaña al agotamiento, y es definitivamente trágico que esto ocurra.

También es inútil intentar combatirlo. Tu cuerpo emocional inerte se ha adormecido como un brazo entumecido por dormir demasiado tiempo. Solamente puedes revivirlo dándote la vuelta hacia el otro lado y frotando tu brazo. Tu cuerpo emocional vuelve a la vida cuando dejas de aplastarlo, cuando te das la vuelta y le prestas atención.

Quisiéramos que pases un tiempo solo en suave contemplación contigo mismo, amado. Nos gustaría que tuvieras un cuaderno listo porque fluirán ideas, y deseamos que las captures en un papel. Estamos aquí para apoyarte, y te aseguramos que todo estará bien. *¿Cuándo?* Preguntas. Tan pronto como tú lo desees, te respondemos. ¿Puedes, y nos referimos a tu niño interior que deambula todo el día, hacer un alto en el camino y permitirte un poco de aire fresco? ¿Te parece justo que esperes que este ser te ofrezca solo placer y dicha y por eso lo golpeas tan pronto sientes que se deprime?

Sí, claro que es justo permitir que tu cuerpo emocional ventile un poco de su energía atrapada. No tienes que decidir todavía que seguirás la guía de este ser, así es que por favor no pienses que estamos pidiendo tu promesa total de que cambiarás tu vida para complacer a tu cuerpo emocional. Por ahora es mucho mejor que hagas una cita para escuchar a tu ser interior el cual tiene mucho que decirte.

Juntos, ambos pueden trabajar en un acuerdo para que satisfagan las necesidades de los dos. Por lo general, significa que pides un cambio de eventos lento y seguro. Como consecuencia, tu cuerpo emocional sentirá alivio al ser escuchado y ante la certeza de que los cambios vienen en camino. Ustedes dos son amigos, querido, y no tienen que convertirse en enemigos por culpa del agotamiento.

Alimentación

¿Te sorprendería saber que la vida humana puede mantenerse con una marcada reducción en el consumo de comidas? Quizá esto no te sorprende, porque tú sabes que las creencias circundan la realidad. Es solamente tu creencia en el hambre lo que crea fuertes punzadas y necesidades aparentes en tu sistema.

La comida no brinda ningún aporte moral y, sin embargo, vemos a muchos de ustedes buscando consuelo en tenedores que sostienen grandes pedazos de comida, en vez de sentir el antojo de reunirse con Dios. Buscamos ofrecerle consuelo a esas personas con nuestra presencia sanadora, pero ¡a veces es difícil llegar a ellos! Por esta razón, les recordamos una condición a la cual ustedes llamaron en una ocasión "bendecir los alimentos." Quisiéramos pensar que esta tradición no es algo pasado de moda, sino quizá una nueva tendencia en su horizonte.

Durante ese momento en que inclinas tu cabeza y recuerdas tu origen celestial, permites que tus ángeles nos convirtamos en tus compañeros de comida. Nos unimos a ti con una dulce melodía y mantenemos los ánimos elevados en la mesa. Puedes usar nuestra intervención en esas ocasiones, pues bendecir los alimentos es un método formal de invocarnos a tu lado. Usa cualquier método que te atraiga, querido. Lo que te suplicamos es que nos invites a tus comidas.

En los tiempos venideros, tu cuerpo se ajustará a las vibraciones de energía que te bombardeamos desde el espacio exterior a la atmósfera inmediata a la Tierra. La comida es conductora de energía y por eso tu cuerpo la asimila de muchas maneras. Una forma es la transmisión de información del suelo de la Tierra a la percepción de tu mente. La Tierra te habla a través de sus retoños: las plantas vivas que comes.

Considera las siguientes palabras: tus comidas son como una reunión en donde se intercambian mensajes e ideas, incluso sin que seas consciente de ello. Hablamos de lo que se encuentra en el plano invisible, y aun así sentimos que es hora de compartirlo contigo. Pues la Madre Tierra te llama para que escuches sus gritos y, no obstante, su llamada se atenúa cuando comes en abundancia, pero no en abundancia de los frutos que provienen de su suelo viviente.

En el tiempo que te toma comercializar sus plantas en variaciones infinitas, podrías llamar a la Tierra tu hogar con ternura y cuidado. Una caminata sobre la hierba sin zapatos, sentir el encanto de recostarte bajo un roble, o dejarte llevar suavemente por el viento puede reconectar tus vibraciones energéticas con las transmisiones que te son enviadas en ese momento.

El agua también transmite mensajes esenciales. Bebe más agua de lo que haces y consúmela sagradamente de la forma más natural que se te pueda ocurrir. Lo que queremos decir es que sus fuentes más puras de plantas, minerales y vitaminas esenciales, provienen de la naturaleza en su forma más original. No hay guisado que pueda ofrecerte más de lo que puede hacer la Madre Tierra.

Conserva entonces tus herencias antiguas regresando a tus plantas y, mientras las consumes, escucha. Escucha. Escucha en silencio. Oye el mensaje amoroso de las plantas ofrecido desde sus raíces, sus tallos, sus semillas. Presta mucha atención a lo que escuchas en tu corazón y en tu mente, y honra su mensaje con amor.

Te puedes sentir atraído a realizar tu misión a través de esta noble forma de alimentarte. Sabemos que esto puede crear un poco de conmoción inicial a aquellos que buscan seguridad y alivio a través de medios más tradicionales. Queridos, les decimos la verdad: buscar seguridad en lugares pasados de moda ¡no es la salida!

Tu seguridad, la seguridad de tus niños es garantizada por la atención cuidadosa e inmediata prestada al reino vegetal. Pasa más tiempo en suave serenidad, y si no escuchas nada, ¡pídenos ayuda! Deseamos que escuches los gritos de la Tierra, no para que te reproches ni te sientas culpable por lo que los seres humanos parecen haber hecho. ¡No! Eso no ayudaría en nada. Deseamos que escuches y veas lo que tus ángeles sabemos que es verdad: que no es demasiado tarde para salvar a la Madre Tierra. Ella busca armonizarse contigo en sus grandes extensiones de belleza y en sus paisajes desérticos. Ella te dirá lo que necesita, en dónde siente comezón y en dónde necesita alivio. Pero nadie puede ser obligado a escuchar lo que ha decidido no oír. Ese es tu derecho, tu libre albedrío.

Solamente te pedimos que vayas a tu corazón, y en el amor te reconectes con el ser divino que realmente te ama: tu madre y tu planeta. Y si sigues su guía todo volverá a ser más natural para ti. Y anhelarás alimentos que reflejen esta imagen tuya como un ser natural. Es tu esencia. Es tu vida.

Amistad

Observamos a muchos de ustedes solos y sin amigos, sintiéndose desconectados del resto de nosotros. Te ves solitario e incomprendido por la mayoría de los seres que surcan esta Tierra. Y aquellos de ustedes que se sienten desilusionados de un amigo, encuentran consuelo viéndose a sí mismos en una posición de autoridad más elevada que Aquél que te otorgó el don de la amistad.

Debemos decirles esto queridos amigos: nosotros, los ángeles, los sobrepasamos en muchas maneras. Es asombrosa la cantidad de ángeles que hay, y nos movemos entre reinos. Esta manifestación celestial de afecto es suya si así lo piden y, sin embargo, insisten en estar solos. Esta insistencia crea tu soledad, querido. Tú labras esta visión tuya quizá por razones románticas, pero la imagen no tiene un reflejo para contemplarse. Tú, que has sido extraído de un único molde, te ves separado y solo.

Mas, esta visión fragmenta tu experiencia en astillas cortantes que pasman la pura esencia de tu alma. Porque cuando divides el mundo en elementos que conectan y conquistan, te aíslas, te acurrucas en el rincón de una caverna donde no tienes nadie con quien compartir.

Hay un lugar y un momento para la soledad, de eso puedes estar seguro. Pero es esencial que tu mente capture lo siguiente mientras deambulas por el planeta Tierra: todo aquél que observas no es más que un ejemplo de lo que tú eres. No hay diferencia entre tú y él, él y nosotros. Los fragmentos que ves no son más que ilusiones ópticas, como ustedes las llaman, que crean cuadros de soledad para ser observados o compartidos.

Es lo mismo para todos dondequiera que vayas. Siempre es la misma experiencia. Y en cuanto a las decisiones,

¡tú tienes el poder de tomar la decisión más importante que pueda ser tomada! Cuando buscas la unión, la meta parece esquivarte eternamente. Cada vez parece alejarse más en el "tiempo" hasta que finalmente protestas ante la frustración y la exasperación.

No obstante, tus ángeles estamos aquí para compartir las gloriosas buenas nuevas del despertar. Y en este despertar, tienes la certeza absoluta de que la unión no ocurre en el espacio ni en el tiempo, ni hacia arriba, hacia abajo, hacia atrás, hacia delante, ni en ninguna dimensión. La unión está aquí, contigo, ahora mismo.

Agradece que estás aquí en casa en este planeta listo para la duración de tu misión, porque el futuro será divertido. Sin embargo, puedes revolcarte en la miseria durante este corto período si crees que te estás perdiendo de algún elemento, y ese pensamiento atrae el temor hacia ti. No busques la unión en formas que te atraigan temor, más bien observa los rayos de luz en el interior de los demás y sé testigo de la magnificencia que aparece en *todo lo que ves*.

Tu amigo eres tú, querido, y tú y tú. En toda la Tierra, tus amigos te esperan. No los alejes en medio del cambio planetario, el cual te llama ahora para que analices tus obras. Pasa este tiempo más bien llamando a tus semejantes, los cuales también anhelan amor. Llévalos a casa por medio de tu amor. Sánalos con tu verdad y despójate de todas las espadas que te privan de las dulces riquezas. Llámate a ti mismo tu amigo y jamás sufrirás por la falta de ellos.

Amor

Qué podemos decir del Amor pues es el puro poder y la esencia de todo lo que es, el milagro del universo, la música del corazón, el sonido que produce un violín cuando emite un *crescendo*. Mueve montañas y estremece árboles y, sin embargo, mucho se desconoce y se teme sobre Su inmenso y grandioso poder.

Para que podamos explicar el corazón del amor, debemos llevarte a un momento de quietud. Incluso ahora sentimos tu emoción aumentar y te pedimos que te sientes en quietud mientras apaciguamos tus anhelos en una suave tregua. Ahí, ahí, un momento más, y sí, en la calma llega el suave momento de reconocimiento.

Nos ves en entornos gloriosos, iluminados con nuestra luz interior. Te aseguramos que este resplandor proviene de la llama del amor que está en nuestro interior. Pues sabemos que el amor es un solo poder en una sola dirección, el cual solamente puede aportar grandeza en su búsqueda de extenderse hacia los demás. Crece cuando es dado y por esto, de hecho, es por lo cual muchos de ustedes lo ven con temor. No obstante, ¿qué puede arrebatar al poder más grandioso de todos? No hay nada en este planeta ni en ningún otro lugar que extinga la llama de Su ser.

Cuando confundes a aquellos que se acercan a ti como seres que podrían arrebatarte el amor, confundes a ambos con el amor. Pues ellos se sienten atraídos hacia ti en búsqueda de misericordia. Ellos anhelan extinguir su propia culpa y saciar su sed en el estanque de amor divino que ven en tu interior. Sin embargo, su cercanía te llena de temor con tus propios recuerdos, de aquellas veces en que tú mismo anhelabas y ansiabas en soledad, mientras eras testigo de los demás bebiendo del estanque del amor.

Amados, tengan piedad de ustedes cuando sean testigos de esa conducta errática nacida de la confusión y de las ansias de amor. Pues es cierto que encontrarás que sacias tu sed en otro, pero esta sed no extingue la llama. ¡Muy al contrario! Porque cuanto más des a otro en nombre del amor, más serás testigo de esa dirección creciendo y creciendo en tu interior. El fuego quema con mayor intensidad y fuerza con cada chispa que tú das.

No hay poder que pueda extinguir la llama eterna que se quema en el interior de cada uno de ustedes. La marca de la amistad que nace en tu corazón solamente inflama con mayor ardor tus llamas, cada vez más y más.

Quizá temes perder el control de esas llamas que arden en tu pecho. Sí, compartimos contigo la intensidad del amor, y sabemos que a veces se siente indistinguible a una pérdida de control sobre tus emociones en el corazón. No obstante, en la calma, esa pasión que sientes por Dios y por los demás, es la pura esencia del *verdadero* control sobre esta Tierra. Pues su poder es inconmensurable en capacidad y atrae a los demás hacia ti, a aquellos que desean beber de su belleza.

Su presencia puede hacer que te preguntes si ellos no estarán tirando arena sobre tu llama. No obstante, su presencia es causa de asombro y celebración, pues revela el poder sagrado de la llama para remover de la atmósfera todo aquello que podría traer la oscuridad. Tu poder excede a veces tu sabiduría, es cierto, y puedes alejar a los demás para disminuir la intensidad de tu llama. No obstante, es imposible que tú u otro ser pueda extinguirla por completo de ninguna manera.

El hecho de que ellos buscan beber de tu pozo le da credibilidad a la ley que existe a lo largo de todo el plano universal: que siempre encuentras lo que buscas y que lo que das siempre es reabastecido.

Por lo tanto, no apagues tus llamas para vivir con más calma, querido, porque fuiste puesto en esta Tierra sagrada como un ejemplo reluciente para aquellos que te aman. Tu control sobre tus hermanos y hermanas está a tu alcance, pero, ¿buscarías controlar aquello que te produce alegría y que extingue toda pobreza? ¿Optarías por silenciar la hermosa música del cielo que agita tu alma?

No temas porque el fuego abrasador en tu interior cese de existir, ni porque sus llamas te consuman en una demostración final de locura. ¡Nada valioso puede llegar jamás a perderse! Tu llama es eterna, y estás aquí para mostrarla a todo aquél que desee verla. Los conmueves más allá de la razón y marca la alianza sagrada para que ellos puedan verla. Entonces, tal como una llama que desea pasar de antorcha en antorcha, sientes alegría cuando alumbras el fuego del corazón de tu hermano. Observas cómo éste pasa el fuego de su antorcha a otro, y cómo se incrementa su fortaleza y su resistencia, y alégrate de que no tuviste temor de tocar su vida de esa forma. Puesto que es puro amor a cabalidad.

Ansiedad

Cuando tu mente se enfoca en pensamientos del futuro, es natural que sientas temor. Estás deseando dar un vistazo por el lente del mañana, y vislumbrar el porvenir sintiendo la seguridad de que todo estará bien. Déjanos que hagamos esto por ti, ahora, ¡oh hijo perfecto de Dios!

No tienes nada de qué preocuparte, y tienes nuestra palabra de que entre hoy y mañana todo está en perfecto orden. Entréganos tus pensamientos de confusión, y los reorganizaremos por ti hasta que queden capturados en una manifestación perfecta de fe. En verdad no tienes nada de qué preocuparte, hijo sagrado, pues eres el dueño de tu día. No hay problema que no puedas superar ni hoy ni mañana, y estamos siempre a tu alrededor para atraparte si llegas a caer.

Cuando eras niño y te raspabas una rodilla en una caída en la acera, ¿quién crees que te levantaba hacia el sol para que tus lágrimas se secaran con el beso del amor de Dios? Éramos nosotros, querido niño, y jamás te dejaremos ni te abandonaremos durante toda tu vida de adulto. Podemos sumergirnos instantáneamente en tus pensamientos para ayudarte a encontrar tu camino a casa, al cielo.

Si comienzas a preocuparte porque estás abandonando a otra persona, te pedimos que nos entregues esos pensamientos. ¿Es acaso posible que un ángel llegue a abandonar a un ser amado? Recuerda que eres un ángel, hijo sagrado de Dios. Eres un ángel enviado por Él a la tierra, por Aquél que te ama en Su esencia más profunda. Es imposible que abandones a un ser amado mientras tus pensamientos sean buenos y tus intenciones estén centradas en el corazón.

Te apoyaremos siempre, incluso cuando ocurran retrasos inevitables y te preguntes si Dios escucha tus plegarias, no temas jamás. Estamos a tu lado. Te tomamos de la mano invisiblemente y te guiamos a los lugares y a las personas que causan alegría en tu corazón. Tu deseo de proveer por tu familia es noble y es producto del amor, por eso Dios escucha tus plegarias tan pronto surgen de tu corazón.

Dios, a Su propia manera, se conduele por los problemas de Sus hijos. Él solo te pide que Le permitas entrar cada vez más cerca de tu corazón para que recuerdes que no estás solo en este planeta. Te pide que permitas que Su amor, el cual no es de este mundo, penetre en tu corazón y en tu cuerpo, para que puedas llevar esta preciosa carga al mercado, puedas canjearla y así satisfacer todas tus necesidades.

El camino al cielo está en tu interior. Podrías preguntarte si tu "interior" está cerrado con candado, y cómo puedes cobijarte bajo su abrigo y a salvo de las turbulencias de la vida. Amado, solo tienes que ver tus pensamientos. Lo único que tienes que hacer para calmar las llamas de la ansiedad es apaciguar tus intenciones. Extingue la creencia de que la ansiedad es una señal de que estás interesado en encontrar la solución a un problema. Dios sabe que estás interesado en encontrarla, y te pide que aclares el camino para que Él pueda intervenir en tu vida.

Ahora mismo, respira profundamente tres veces, céntrate y aclara tu mente para que los ángeles nos encarguemos de todo. Déjanos tomar el mando por un momento mientras descansas tu cuerpo y tu mente agobiados. Has trabajado arduamente durante mucho tiempo, y ahora mereces descansar mientras retiramos las nubes de preocupaciones de tu corazón.

Si te parece demasiado simple: "Solo pide", es porque ¡es así de simple! La simplicidad es el corazón de Dios y es la respuesta a tus penas. No permitas que tu mente se retuerza hasta que pierda su forma con preguntas tales como: "¿qué tal que pase esto? o ¿qué tal que pase lo otro?" Todos esos "qué tal que..." te dejan exhausto, ¡y no tienen razón de existir!

Tus ángeles entonamos un cántico de armonía en gracia perfecta. La razón de tal belleza es la sencillez de su melodía. Deja que tu mente esté en armonía con esta melodía concentrándote solamente en una cosa: amor. Deja que éste sea tu mantra mientras inspiras y exhalas profundamente, y siente tu mente clara al igual que los rayos del sol hacen desaparecer la neblina.

Querido niño, fuiste creado para disfrutar de días soleados libres de preocupaciones. Déjanos enjuagar tus temores con nuestros delicados abrazos. Entréganos tus cargas que nosotros se las llevaremos al Creador y jamás volverás a recibirlas. Esta amnesia angélica es nuestro regalo para ti, y la liberación de tus preocupaciones es tu regalo para nosotros.

Cambios

Cuando caen las hojas en el otoño, ¿lloras porque cambia la estación? Quizá, solo un poco. Parece que la tierra cambia demasiado pronto, antes de que estés listo, y las estaciones se rotan ¡sin pedir permiso!

¿Sientes que la tierra se sacude bajo tus pies como si tu vida temblara de miedo, de un miedo que repercute más allá de todo? ¿Te sientes conmocionado y confundido porque no sabes hacia dónde dirigirte? Están llegando cambios a tu vida y te sientes fuera de control ante ellos. También te sientes indeciso respecto a qué camino tomar y a qué acciones seguir para lograr el resultado deseado. No te preocupes, alma querida. Has acudido a la fuente apropiada para ayudarte a deshacerte de tu carga.

Ves estos cambios como una pausa y como una interrupción del flujo de eventos. Nosotros vemos estos cambios como el flujo de energía debajo de tus pies que te estimula al movimiento. La corriente del río cambia eternamente mientras transporta la nave sobre sí. Este movimiento cambiante de tu vida está haciendo algo grandioso, dulce niño, pues te está llevando en seguridad y con presteza a través de algunos puntos de tu vida en los cuales no hubieras querido permanecer mucho tiempo. Comprende que bajo el caudaloso río hay rocas escarpadas en las cuales, si llegaras a detenerte y a considerar tus opciones durante un tiempo, podrías llegar a atascarte.

Agradece, entonces, la velocidad con la cual tu vida cambia ahora de dirección y, por el amor de Dios, no impidas su flujo, porque jamás sabrás en qué momento de duda o de resistencia podrías quedar atrapado por alguna de las rocas bajo la superficie.

Cuando así sea necesario, serás alertado, y puedes confiar plenamente en que esta barcaza te llevará a salvo a orillas lejanas en lugares desconocidos. Recuerda que tu guía ha estado en este río en muchas vidas y en muchas ocasiones. Aunque te parezca poco familiar e ignoto, tu guía se siente bastante cómoda y en el hogar. Quizá es el momento de que te recluyas en tu cabina y disfrutes del paseo.

Hay dulzura en medio de la turbulencia temporal mientras flotas río abajo, y no hay dulzura más tierna que el canto de la madre Tierra mientras te mece con su ritmo siempre cadente. Tu ritmo de vida no tiene ahora restricciones y se está volviendo cada vez más natural. No te alarmes ante los cambios que ocurren en tu interior y en tu vida. A cada momento del paseo, tienes la capacidad total de mover tu peso hacia los lados y girar ligeramente el curso.

Ves entonces, que sí tienes control a través de tus pensamientos y tu intención. Amado, el control proviene de decisiones sutiles. Al igual que un niño atrapado en una marea revuelta se arriesga cada vez más si cae preso del pánico y lucha contra la corriente, así también encontrarás tu seguridad y tu poder relajándote y sabiendo que tienes todas las opciones que deseas en tu mente. Pequeño, usa este poder con gracia.

Recuerda Quién es tu creador, y la manera en que Él ha impuesto en ti una medida equitativa de poder creativo. No tienes que temer tu propio poder, pues es eternamente tuyo. Lo que estamos diciendo es que ofrecer resistencia a los cambios es una forma de controlar tu vida que te quita tu poder. Pero tomar una decisión firme es una forma llena de poder que jamás falla. ¡Usa con gracia tu poder! Te rogamos que asumas tus facultades mientras cocreas con el cielo. Estás a cargo de tu vida. Sí, lo estás en verdad.

La decisión es tuya, y por eso te preguntamos: "¿Qué deseas?" Quizá te sientes infeliz ante los cambios que están ocurriendo a tu alrededor y en tu interior, pues ellos representan lo que no deseas ver en ti. ¿Está tu ser interior vertiéndose y diluviando tu mundo exterior? En vez de llorar ante este suceso, puedes usarlo como una oportunidad para limpiar el desastre por dentro y por fuera. Con este fin, el cambio es siempre bueno. El cambio es siempre para bien. No debes resistirte, solamente debes cambiar tu actitud y así lograrás capturar el flujo de tu vida como un río manso.

Cargas

Sí, sabemos que tienes muchas cargas pesadas sobre tus hombros. ¿Nos creerías si te dijéramos que tus cargas más pesadas son aquellas que halas con fuerza de igual forma que arrastrarías una mula arando una tierra espesa? ¡Es cierto! Tu pasado, y los estragos de tu pasado que insistes en arrastrar a tu presente, son verdaderamente las fuentes más agobiantes de resistencia en el suave flujo de la gracia gentil de la vida.

Renuncia a tus cargas, ¡ángel celestial sobre la tierra! Eres demasiado joven para que sigas llevando sobre tus hombros una carga tan pesada. Te priva de la gloria de la vida, y te fatiga al punto en que no te sientes bien. Ya no pienses por un segundo más en tu pasado. De igual forma que una persona contemplaría en su ropero todo lo que piensa donar a una causa noble: ¡dónalo todo! No necesitas ni un ápice de tu pasado, y siempre y cuando pienses que lo necesitas, recolectar pensamientos agotadores cansará incesantemente tu presente.

Cuando las aves emigran a nuevos lugares, no gastan su tiempo forcejeando con los árboles y con la campiña que dejaron atrás. Hacer esto interferiría con su proceso de aquí y ahora relacionado con su alimento y su abrigo. Amado, es igual para ti. Estás siendo guiado gentilmente para que nos permitas despojarte de los pesados ropajes que ya no debes cargar.

Sencillamente, debes expresar esta declaración de confianza y libertad a la luz que te rodea: "No volveré a cargar con mi pasado porque es un agobio, y ahora mismo decido aliviar mi carga. Señor, te entrego por completo mi pasado, y me libero ahora de toda idea o conclusión respecto a mí que sea producto de mis experiencias pasadas. Hoy es el día de mi liberación y me despojo de todas las cortezas innecesarias que han cubierto mi piel en épocas distantes. Soy libre, completamente libre; y no debo preocuparme en lo absoluto por este proceso porque Tú estás aquí conmigo."

Tu aliento puede disipar miles de años de presión en un solo instante de liberación, si te comprometes por completo a ello. Saca de tu cuerpo tu pasado y percibe este proceso con conciencia a través de tus pulmones. Inhala, inhala. Exhala, exhala. Empuja el aire hacia fuera con tu simple y clara decisión de ser libre. Eres el guardián de tu propia cárcel, dulce ángel, y estamos revoloteando a tu alrededor ahora mismo apoyándote en tu nueva liviandad.

Te estás convirtiendo en uno con nosotros en conciencia, y aplaudimos que te resistas a todas las tentaciones de regresar a una tendencia opresiva. Recuerda que estamos aquí contigo siempre, y honramos tu compromiso con la libertad. No interferimos, es nuestra promesa, a menos que nos pidas ayuda de alguna manera. Solamente te pedimos que no esperes más de lo necesario antes de invocar nuestro nombre con un simple pensamiento o palabra: "¡Ángeles!" Vemos que aguantas demasiado antes de pedirnos ayuda, y estamos a tu lado rogando que ceses de esforzarte tanto por soportar tanta presión tú solo.

Pronto te darás cuenta que no hay espacio para las cargas en el cielo, y ese cielo que tanto anhelas está aquí en la tierra. Comparte con nosotros tus cargas, querido, y pronto sentirás que te quitamos de encima una carga que ni siquiera sabías que llevabas. Te pedimos que aligeres tu vida en beneficio de todos los demás ángeles terrenales que te necesitan.

Celos

¿Sientes que otra persona tiene más que tú, precioso niño? ¿te imaginas que su crimen impide que tú adquieras aquello que tu corazón anhela escuchar y poseer? Esta plaga de tu mente te mantiene en suspensión, mientras tanto nadas en medio de todo lo que es querido para ti. Pues los productos de la imaginación de la mente egotista son en lo que el mundo se enfoca y, mientras tanto, el amor pasa inadvertido y desapercibido sin poderlo disfrutar.

Déjanos explicar los celos de esta forma, hijo bendito: hubo una época en que disfrutabas de soledad total en el interior de la Mente de Dios. Tu corazón y el Suyo no sufrían de ansías causadas por la separación, pues todo lo que necesitabas y deseabas estaba a tu alcance. Luego, apareció la mente egotista causando turbulencia en ti, e hizo que miraras a tu alrededor. De repente, te diste cuenta que no estabas solo. Y en ese momento de tu imaginación, creíste que tus hermanos y tus hermanas estaban compitiendo contigo por la atención de Dios.

Al competir de esta manera, renunciaste a la certeza de tu santidad a cambio de la fantasía del terror. Pues, ¿quién sin su santidad podría no sentir miedo y no estar vulnerable ante las calamidades y las fechorías? Sin embargo, esta loca fantasía no es más que un sueño nocturno, amado. Mira de nuevo a tu alrededor y advierte los latidos del corazón de Dios que jamás han dejado de estar a tu lado, y ahora laten en el interior del pecho de todas las conmovedoras criaturas en el planeta Tierra.

Sus almas vienen en toda clase de formas y tamaños, pues el alma de una pulga y el alma de una rata no son más que la huella de Dios en la impresión visual de la carne. No busques más el sufrimiento, dulce niño. Más bien, cubre tus heridas con la salvia de Su amor. Envuélvete en el néctar de la dicha de regresar al hogar en tu corazón. Y céntrate en esta verdad, la cual es la prescripción constante que cura todas tus aparentes aflicciones. Jamás hemos dejado tu lado desde que comenzó la pesadilla, hijo bendito. Y aunque crees que estás sufriendo, siempre estamos a tu lado cuidándote.

Hijo dulce y precioso de Dios, jamás has estado tan cerca del cielo como en este momento, pues la verdad es que jamás te has ido, excepto en tu imaginación. Te damos la bienvenida al hogar abrazándote con nuestras alas, pidiendo solamente que te perdones. Porque vemos que eres demasiado duro contigo mismo y te ofrecemos la misericordia que muchas veces no aceptas. Muestra consideración hacia tu dulce alma ahora mismo, amadísimo niño, y acude a tu verdad en el interior de tu resplandeciente luz.

Porque ahora ves la naturaleza ilusoria de imaginar que alguien podría tener más que otro. En verdad, no hay nadie más que tú mismo. Nadie más que el alma original que brilla en chispas en forma de las distintas caras de luz de una sola piedra preciosa, la cual es Dios. ¡Y Él no puede amar a nadie más que a ti! Él te ha otorgado todo Su reino de amor a ti ahora, a la dulce maravilla que eres tú. Te has merecido las llaves de Su reino resplandeciente. Nadie puede arrebatarte estas llaves, excepto tú mismo. Solamente tú decides privarte o ultrajarte. Solamente cuando decides sufrir en la miseria, te niegas la satisfacción a tus necesidades. Y por tu propia elección, ¡restauras también todo lo que has dejado atrás!

Oramos para que resucites a tu verdad y abras al reino de tus experiencias conscientes en esta Tierra. El cielo nunca te deja solo con tus deseos, ni tampoco te brinda sufrimiento. La voluntad de Dios para tu alma y tu carne es que te restaures en la verdad y en el amor. No te quedes ya más tiempo tras la puerta, sufriendo en la lluvia, cuando puedes decidir entrar y acogerte bajo Su abrigo y Su amor todopoderoso. ¡Este es el fin del sufrimiento!

Y cuando entres, extiende tu mando hacia tu hermano y hermana que sufren en silencio a un aliento de distancia de ti. Sonríe con el brillo de la luz de Dios mientras agarras con fuerza a tu hermano y le muestras con amor el abrigo que a ambos les espera. La efusión y el flujo del amor de tu mano hacia la mano del otro es el método celestial de tu Creador ¡de llegar hasta ustedes dos y acunarlos bajo su abrigo! No dudes cuando un murmullo estremezca tu corazón, suplicándote que tomes los pasos necesarios para conceder a tus adorados hermanos el amor que compartes. No dudes un momento y más bien extiende tu mano sin temor y di sencillamente: "Hermano, compartimos el amor de Dios como un solo ser. Al ayudarte yo a ti, seamos los dos bendecidos con paz eterna."

Porque no hay competencia que anhele ganar el amor del Hacedor. Todo es compartido en el instante en que decides entregarlo todo. Llena por completo los anhelos de tu corazón con este amor, y al compartir este desbordamiento con las manos a la espera de otro ser, tu reabastecimiento es renovado una y otra y otra y otra vez. Al igual que una cascada que derrama su suculenta victoria en una espléndida demostración de belleza, tu desbordamiento de amor del corazón del Creador a través de ti y de los demás, es una maravilla y un milagro ante nuestros ojos. No busques lo que puedes tener, busca más bien lo que puedes dar. Y de esta forma, lo tendrás todo y más.

Citas amorosas

Cuando sales con alguien, ¿sabes que siempre llevas contigo a uno o más de nosotros? Nos encanta ver el amor e intervenimos con agrado si nos lo piden, para mantener fluyendo al amor con suavidad. Comprendemos que tus citas pueden producirte ansiedad. Mantente tranquilo pues estamos aquí para ayudarte, no solamente en el Reino Angélico, sino más allá de él.

Podemos ayudarte a llegar rápidamente al tema que concierne a tu corazón en tu cita amorosa, así sabrás sin duda si es la persona con la que deseas estar. Pídenoslo y te guiaremos poniéndote las palabras adecuadas en tu boca de manera que ajustes inmediatamente tu marco de referencia con esta otra persona.

Tu apariencia en una cita es un enfoque externo, y deseamos llevarte más bien a un enfoque interno. Piensa en una flor. Sus pétalos son su belleza, pero los hermosos pétalos emergen de la profunda vida primaveral en el núcleo de la flor. El corazón de tu cita, centrado en el interior de tu propia fuente de sanación y energía eterna, es la fragancia que atrae amor hacia ti incluso en tu primera cita. Permite que tu fragancia se fusione con el viento que te rodea, preocupándote solamente de tu alegre esencia interior.

Lo que estamos diciendo, querido lector, es que te despojes de todas las preocupaciones, angustias e inquietudes relacionadas con: "¿Cómo me veo?" "¿Qué debo decir?" y "¿Cuánto va a costar?" Pon todo tu interés en tu núcleo interior, en donde estas preguntas se disolverán. Tu atractivo eterno está asegurado en este punto central de tu ser, querido niño.

En tu cita amorosa, te pedimos que retengas tus temores y mantengas dentro de ti tu determinación. No te pedimos que te conviertas en un ser solitario ni introvertido. ¡En lo absoluto! Tu marco interno de referencia te brindará conversaciones chispeantes e inmensa alegría con los demás, ya sea en una cita amorosa o en un ambiente social. Vemos que aquellos de ustedes que más disfrutan, son los que permanecen centrados en este espacio sagrado cuando están en compañía de los demás.

No te pedimos que te desintereses por el bienestar de los demás, sino que permanezcas centrado en tu verdadero espacio del ser, en donde tu interés burbujea naturalmente en autenticidad. Lo que queremos decir es: tu esencia es encantadora y no debes preocuparte por ser alguien que aburre o repele a los demás.

Las demás personas de tu grupo o de tu cita amorosa están conversando contigo en un plano invisible y saben cuándo eres o no sincero. El verdadero atractivo de tu honestidad es inolvidable, y no necesitas confiar en nosotros para esto. Inténtalo por ti mismo, luego pídenos ayuda, y verás cómo reaccionan los demás.

Con nosotros, tu espíritu se expande de forma atractiva, y proporcionas a cualquier conversación un tercer ingrediente que añade una encantadora dimensión al lugar. Los demás se sentirán vívidamente atraídos hacia cada una de tus palabras sin conocer la razón por la cual esto ocurre. Tu ingrediente es la esencia invisible del espíritu, querido, y te pedimos que la lleves hacia todos los seres con quienes te relacionas.

Tu don del espíritu expandido es innegable, el cual despierta en los demás su ansia durante mucho tiempo olvidada de reconectarse con quienes ellos son en realidad. Tú eres un catalizador para el cambio, amado nuestro, ya sea que estés en una cita amorosa, en un supermercado o en un banco, o de pie haciendo fila. Usa tu tiempo con sabiduría en beneficio del espíritu, todas tus relaciones terminarán sanándose. Recuerda, no estás solo.

Sin duda alguna, podemos ir contigo a tu cita amorosa, pero también puedes bloquearnos en cualquier momento que lo desees. Por ejemplo, nos quedamos mudos cuando hay ira en el ambiente. Nos hacemos invisibles cuando aparece la frustración. Entonces tú decides y tú estás en control de la situación. Nos dices en qué aspectos podemos ayudarte, y lo hacemos de buen agrado a cambio de verte feliz, amado hijo. Nuestra intención es ayudarte en esta Tierra, y cuando se forma una pareja en una cita amorosa, cantamos en los cielos con música y risas. ¡Deseamos ayudar!

Comunicación

Como herramienta de comunicación, la palabra hablada es un pobre sustituto del corazón y de los ojos. Estamos contando con el apoyo de muchos de ustedes para despertar estas herramientas escondidas con el pleno y alegre conocimiento de todo lo que ellas tienen para ofrecerles. Ante todo, si despiertas la energía de tu corazón y la valoras como herramienta, experimentarás una conexión mucho más rápida con las personas que te rodean.

Existe una energía inconsciente entre todas las personas, sin importar lo que las una. Quizá has estado consciente de esta "conversación en la sombra" que sigue a tus conversaciones externas. Escucha la conversación en la sombra con tu oído interno, y así escucharás el otro lado de tu relación con los demás. La verdad honesta es expresada en este nivel, como un niño que no guarda ningún secreto con otro niño.

A esto lo podrías referir como "el corazón del asunto", porque es verdaderamente crucial en tus relaciones con las personas. Podrías entonces, desear vigilar no solamente lo que recibes en estas conversaciones silenciosas, sino también lo que colocas en este flujo sanguíneo de energía invisible entre ustedes. Observa los pensamientos que depositas en este flujo sanguíneo, pues son transmitidos rápidamente entre las dos personas y son recibidos al nivel de la verdad consciente. Tus pensamientos de dagas o de espadas son recibidos como un forcejeo doloroso en los oídos del otro. Tus visualizaciones amorosas son recibidas como tales.

Entra en este flujo de conversación que existe, y escucharás en secreto a tu ser silencioso hablando con el otro. Podría sorprenderte lo que escuchas, pero no dudes pues te guiará en verdadero silencio hacia el otro que es como tú. Ten compasión por ti y por el otro mientras escuchas los gritos del corazón que son expresados en este nivel. La conversación está ahí, y si estás consciente, la escucharás al nivel en el cual es expresada a tu alrededor ahora mismo.

Confianza

Pueden haber notado que un punto central de nuestras enseñanzas es el de la "confianza." La confianza mutua y la confianza en sí mismos. Les rogamos que vayan al interior de su alma y limpien todas las telarañas que los acechan para mantenerlos en desconfianza perpetua, pues, vemos que muchos de ustedes se revuelcan en el dolor y en el sufrimiento, productos de los sentimientos de desconexión entre ustedes. En verdad no hay desconexión. Sin embargo, el desasosiego en este mundo se deriva de la desconfianza evidente.

¿Podrías ser llamado de regreso al hogar y no confiar en su Fuente? ¿Te estás revolcando en la desconfianza, esperando una señal de que algo es verdadero? Hay casos en que sí confías, pero al nivel del alma ocurre un proceso totalmente distinto. Lo que queremos decir, es que confiar en las condiciones humanas conlleva invariablemente a la desilusión. Pero, a un nivel más profundo, la confianza verdadera mora en áreas en donde el desdén no puede residir. Después de todo, ¿quién puede despojar de la confianza a alguien que posee este elemento como su esencia natural? El núcleo de tu ser está lleno de confianza, pues el amor siempre asume que la otra persona es digna de confianza. Y, puesto que tú eres amor, también eres confianza.

Tu naturaleza básica de confianza se extiende entonces con bastante naturalidad. Es solamente cuando combates esta naturaleza real, que encuentras incomodidad en tu interior y a tu alrededor. Tu naturaleza confiada se extiende sin cesar, en curiosidad perpetua para explorarse examinando a aquellos que te rodean. Entonces, no quieres contaminar tu verdadera naturaleza combatiendo su extensión.

Podrías argumentar que sí, que tu confianza ha sido rebatida por aquellos en sus funciones humanas. Y, de nuevo te recordamos, que éste no es el tipo de "confianza" del que hablamos. Pues, la confianza a un nivel más profundo se reposa en aquél que conocemos como Dios, el cual es la fuente que te llama al hogar a descansar incluso ahora. Escuchas este llamado cada vez que te sientes atraído a buscar refugio en los otros. Sin embargo, tu desconfianza pone una reja en la puerta interior de tu hermano, y te niega la entrada a este estado que llamamos "hogar." Por eso, ves la frustración eterna que has creado al buscar, y negar al mismo tiempo, el hogar.

No busques el hogar en dos niveles, y encontrarás la calmada solución que es totalmente sencilla una vez descubierta. No busques en la fragilidad humana las respuestas a las preguntas que tienes sobre ti. Tu confianza jamás será encontrada en un lugar tan trémulo. Más bien, busca conocer la confianza, pues esta meta es digna de tu parte en el reino de Dios. Luego, una vez que lo decidas, busca este preciado tesoro en lugares donde es seguro que lo descubrirás. Es decir, en el reino interior del corazón de todos los seres que caminan sobre la tierra.

Avanza sinceramente hacia esta meta que no puede desilusionarte, dulce niño de Dios. Tu confianza jamás será destruida por Aquél que te ama eternamente. Y, es a Él a quien encontrarás en el interior de esta profunda caverna bajo la superficie humana. Busca más adentro, querido, y no volverás a desilusionarte jamás.

Crimen

Deseamos hablar contigo respecto al crimen desde la perspectiva de la seguridad. Sabemos que muchos de ustedes en este mundo desean protegerse del crimen, y tenemos algunas respuestas. Despójense de su necesidad de seguridad y relájense. El mundo es ahora mismo contemplativo, y nosotros los llevamos a la seguridad a través de su receptividad, no de su tensión.

La pasión es el corazón del crimen; es un alma perturbada que siente que no tiene escapatoria. Esto crea una tremenda energía que es visible para todos en el Reino Angélico. Créenos que te advertiremos si una tormenta de esta magnitud viene en tu camino. Sin embargo, es a través de tu tensión, (aunque creas que ésta es un impermeable contra lluvias torrenciales de actividad negativa) que en verdad quedas empapado.

No podemos traspasar tu caparazón con nuestras advertencias, ¿ves, entonces, que tu mejor defensa contra las actividades criminales durante estos tiempos cambiantes es la ausencia total de defensa? Sabemos que esto parece ilógico en tu mundo, y es ciertamente paradójico a menos que percibas el mundo invisible a través de nuestros ojos.

Los colores de la oscura actividad criminal son tan vívidos que podemos actuar como guardabosques que detectan incendios a grandes distancias. Vemos áreas seguras, y los mantenemos a ustedes ahí mientras el mundo está ajustándose frenéticamente a esa nueva velocidad y reino espirituales. Habrá incendios muy intensos, y cuando despierten de nuevo su visión espiritual, los verán junto a nosotros.

No se despreocupen por completo de los crímenes, pero tampoco ajusten su vida en demasía preparándose para ellos. Porque sea lo que sea que esperen que pase, ocurrirá de todos modos, y siempre los llevaremos de nuevo a un lugar seguro. Por lo tanto, ustedes nos prestan un gran servicio cuando purgan su mente de preocupaciones y temores respecto a peligros percibidos como destinados a ocurrir en sus vidas. Ustedes no desean atraer energía negativa, no lancen, entonces, un anzuelo al agua para tratar de atraparla. Y si ya la atraparon, ¡láncenla de nuevo al agua!

Amado, lo que deseamos decirte es esto: No te aferres ávidamente a pensamientos relacionados con tu seguridad física. Nosotros te cuidamos día y noche. Es parte de nuestra labor. Sin embargo, te perjudicas mucho cuando te llenas de temor y refuerzas la inseguridad en el mundo.

Querido, por favor, aprende que ¡el mundo refleja tus deseos! ¿Deseas peligro? Por supuesto que no. Entonces, te imploramos que te deshagas de tus ideas sobre la seguridad, porque no conoces el poder de tu mente al respecto. Ustedes son como niños jugando con dinamita, no conocen el peligro que atraen cada vez que se preguntan: "¿Estoy a salvo?" Porque vemos humo negro saliendo de su mente cuando se formulan dichas preguntas, y este humo es la señal de que están atrayendo exactamente lo mismo que temen.

No te lo decimos para asustarte aún más, querido, pero, consideramos que debes conocer el poder de tu mente para atraer todo aquello que contemplas en cada momento. No obstante, debes estar muy agradecido. Dios no te daría ningún don con el que pudieras errar verdaderamente. Aunque puedes, de hecho, atraer gran peligro hacia ti con tus pensamientos, esto es apenas una travesura de niños comparado con el gran esquema de las cosas.

Amable espíritu, verás que no estás expuesto a ningún tipo de peligro grave o mortal en su verdadera esencia. La parte que se desapega del cuerpo es tu verdadero componente; e incluso esa parte de ti se ríe a hurtadillas ante la ridiculez del tema de tu propia seguridad. No hay ningún peligro al que pueda exponerse ese tierno gigante en el interior de cada uno de ustedes.

Estás durmiendo, descansando cómodamente en el interior del núcleo del corazón de Dios. Y Él se encarga de que nada malo te ocurra, ni ahora ni nunca. Descansa tranquilo, dulce niño, mientras nosotros te cantamos quedamente canciones de cuna que liberen tu mente de preocupaciones, angustias y de todas las contemplaciones que no provengan del cielo o de tu propio hogar.

Culpa

Este tema es de gran importancia para nosotros, pues vemos que todos sufren de manías de culpabilidad. Las flechas que brotan de la dura y quebradiza capa de la culpa que cubre los temores hieren a muchos, muchos corazones, sin causa alguna. Porque no hay razón para sufrir, solamente hay razón para amar. Retrocedamos un momento ahora y mientras escuchas nuestras palabras, permítenos abrir tus manos a la fuerza, las cuales se aferran a la culpa con tanta fuerza como lo haría alguien que lucha por sobrevivir. Puedes estar seguro de que tu supervivencia depende de su liberación.

La severidad de la culpa se deriva de un escrutinio en tu mente, de un complejo de víctima. Sientes que el peligro se acerca y sospechas: "¡Debe ser para mí!" El corazón del miedo en el interior de la culpa es esa sensación de peligro latente, y el conocimiento de que el castigo debe estar cerca. El niño que es golpeado debido a una mala acción se siente herido de vergüenza, y se imagina que de hecho debe ser alguien muy malo. Pues esto se lo ha dicho la persona a quien él más ama en el mundo. La vergüenza es trasladada a la vida del adulto por encima de la cual se sigue acumulando más y más vergüenza. Amado, estas capas de mugre que tú llamas "culpa" pueden derrumbarse en el instante en que reconoces su endeble fundamento.

Pues hasta montañas de la Tierra pueden estremecerse ante el increíble poder del deseo del hombre. Tu deseo, hoy en día de despojarte de la culpa se cumple en el instante en que deseas su liberación. Tus ángeles estamos a tu lado, esperando que nos entregues las ideas que te hablan de tu "maldad" y tu vergüenza. Te enviamos rayos de verdad, con preceptos verdaderos: los hijos y las hijas de Dios son inocentes hasta la médula. *¡No has hecho nada malo!*

¿Pues cómo es posible que impactes a aquello que Dios creó eterno y completo? Nuestro poder no excede a Aquél que es todopoderoso. Solamente existe un poder en el universo, y nadie que se encuentre en él tiene un poder separado con el cual pueda competir con el Todo-sapiente.

La insistencia, sólo en tu mente de que tienes un poder separado es la raíz de tu culpa, tierno niño. En el instante en que realizas fantasías de separación, te sientes entonces solo, vulnerable y temeroso. Pues un huérfano perdido en el desierto llora y se imagina visiones y sonidos de horribles monstruos, cuando los únicos "monstruos" que hay son árboles, rocas e ingenuas cavidades. No hay monstruos que vienen por ti, amado, y no has hecho nada malo por lo cual debas esperar un castigo.

¡Comprende esto en el fondo de tu corazón! Deja caer la cuerda que halas y hace sufrir tu corazón, y libera la fantasía de la culpa a Aquél que conoce tu eterna inocencia. El único "crimen" del cual debes rehabilitarte es del que te has infligido a ti mismo, en tu corazón, porque insististe en que debías esta solo y, por lo tanto, separado de tu Santo Creador y de Sus hijos. Esta visión, por sí sola, ha atraído todos tus temores, precioso niño. Esta visión, por sí sola, es responsable de todo el "mal" aparente que crees has experimentado en todas tus encarnaciones en la Madre Tierra.

Aun así, ni un solo momento antes de que estés listo, podemos liberarte de tus ataduras mientras las contemples. Tu enfoque en la culpa es como un niño que juega con las llamas de una fogata. Padeces lentamente, pruebas los límites de tu fastidiosa dimensión sabiendo que en la habitación contigua hay seguridad y paz.

Únete a nosotros, amado nuestro, y libera tus cuitas y preocupaciones respecto a este pequeño mundo. Te rodeamos con paz y las buenas nuevas de que las soluciones yacen en tu alma. Déjanos amplificar las voces de la dicha, las cuales te llevarán a salvo a las praderas celestiales de tu interior. Tu amor resplandece en el mundo, en donde ahora despiertas a otros con tu llamado de paz. ¡Déjalo que brille, amado. Déjalo que brille!

Depresión

Estamos cerca de ti cuando has sido duramente golpeado. Echamos un vistazo a tu tristeza, no para comprenderla, sino para disfrutar tu brillo el cual parece resplandecer con mayor intensidad una vez que conviertes tus anhelos en amor interior. Te sumerges en tu tristeza y terminas en la revelación de donde nace la complacencia.

Tu sabiduría al usar esta energía para alimentarte ha sido engendrada con dulzura. Porque, en los momentos en que vas a tu interior a lamer tus heridas, nosotros acunamos tu alma con ternura en nuestras alas y te sostenemos aunque no sientas nuestra presencia a tu lado. Nos callas, pero aun así, sabes que estamos aquí cuando nos invocas.

Y a pesar de que ansías revivir el ardor de la sal sobre tus heridas, te entregamos flores de alegría que te sacan de tu sufrimiento y te llevan al cielo en tu interior. Entonces, cuando tus emociones oscilan, debes saber que ésta es tu gloria siendo revelada en medio de las nubes que sientes en tu interior. A veces ansías nubes que te cubran de tristeza para poder quedar camuflado de la oscuridad. Usas la tristeza como un medio para escaparte del mundo que ves como cruel y exigente.

Aplaudimos tu gracia al tornarte hacia tu interior, dulce hijo del cielo. Sin embargo, ¡gira hacia tu interior adonde te están invocando! No existe un mejor momento que el presente para que regreses a tu pausa refrescante, la cual es todo menos un momento lejano. Ya sea en la tristeza o en la alegría, refréscate a menudo mientras apaciguas tu sed en el pozo del bienestar interior.

Tú eres el hacedor de tu propio tiempo, y te alimentamos con agrado dondequiera que te encuentres. Pero, deseamos darte este empujoncito: esa tristeza es tan fácil de escoger como lo es la luz radiante. No despreciamos tus sufrimientos. Apenas anhelamos que encuentres el camino a la alegría, pues tu faro de luz convoca a los demás a que salgan a su vez y deprisa de su tormenta hacia sus propios santuarios o albergues internos.

Usa tu faro para iluminar y ofrecer calidez a las vidas de los demás, y siente cómo tu propia frialdad se derrite vigorosamente. Eres un refugio en donde se albergan aquellos que escapan de sus tormentas, y tus momentos de gloria más grandiosos son usados como un faro de luz para almas sonrientes. Tu nombre está escrito en el cielo como un ejemplo vivo de aquellos que han pasado por situaciones dolorosas similares. Usa el momento de la tormenta para obtener más fortaleza. Siente cómo la tormenta latente te lanza más lejos en tu vida, brindándote valor y expansión. La pausa en la depresión es usada sabiamente, cuando has decidido dejar de apresar tus emociones. Te vemos liberándote del círculo de la oscuridad y dejando con agrado los muros de su prisión. En este contexto, el clamor de las tormentas no puede atemorizarte más.

Tu aliento es la fuerza vital que te lanza a encontrar una brisa más suave. Lo que te rodea es un espejo de tus decisiones, querido, y a pesar de esto, vienen en camino hacia ti días más suaves. No hay manera de que nosotros alternemos tus patrones si nos mantienes a distancia. Usa nuestro aleteo para abrir las alas de tu corazón, y siente la luz inundando tu vida aunque temas experimentar más dolor debido a la oscuridad.

Tu decisión es la esencia de la dirección en la cual tu vida te conduce. No pienses que eres una víctima de nada, porque has sido el captor de tu propia alma, y eres el que libera cada ser con quien entras en contacto. Entonces, opta por la libertad para todos; y opta por la libertad para ti mismo.

Y en este día resplandeciente, tu gloria puede ser vista a grandes distancias. Porque eres un ejemplo reluciente, y permites que los demás vean tu llama de libertad. ¡Eres ahora la libertad que los demás buscan! No te impongas cargas pensando que dichas cargas te harán merecer la gloria. Lo único que harán es retrasarte, no necesitas imponerte más penitencias.

La melancolía que llamas depresión no es sino una forma invertida de mirar el mundo. El honor que buscas ya te ha sido otorgado, y no debes empujarlo ni forzarlo. Busca la gloria no para ti, sino busca la gloria en todas las cosas para Dios, y verás tu nombre escrito a lo largo del cielo en Su nombre y para siempre.

No busques entonces el honor en la depresión, lo cual es como excavar una madriguera en la tierra. Mantente erguido sobre la cima de la montaña del descubrimiento y dale crédito a Su nombre que está en tu interior. No permitas que alguien te vea sobre la cima de nada que no sea esta tierra santificada, y elévate hacia el honor dirigiendo a los hombres con tu faro. En esto, no existe prisión alguna.

Descanso

La calma en soledad es una necesidad que alimenta tu cuerpo en ascensión, querido niño. Venimos hoy a ti en nuestra jerarquía, a aconsejarte respecto a esta necesidad que vemos tan descuidada entre muchos de ustedes. Les suplicamos que reconsideren su postura que hace que llamen a este estado de descanso como "descuidar el propósito" pues es exactamente lo contrario.

Considera, por ejemplo, un roble. ¿No crece acaso en rachas e impulsos? ¿No provee alimento y abrigo para muchos reinos dignos de ser llamados sus amigos? Y, sin embargo, el poderoso roble no trata de crecer sin cesar, sino que apenas permite la disposición propia del flujo normal de su vida con sus propias células. Si sólo tratara de nutrirse sin cesar del suelo bajo sus raíces, la tierra no tendría tiempo de reabastecerse a sí misma, antes de que el roble llegara a secarla. El impulso de crecimiento de un roble durante algunos de sus años es compensado por su lenta progresión inicial a través del tiempo.

Tú también tienes exigencias de descanso que son en extremo necesarias y con mucha frecuencia, sin embargo, son omitidas por todos aquellos a quienes observamos. Querido, ¿no vas a aprender que Dios no te obliga a crecer más allá de tus propios límites? Siéntate en calma, mientras bebes la energía de nuestras palabras. Pues, te alimentamos con un crecimiento que está más allá de la posibilidad de ser medido, cada vez que invocas nuestro nombre. El tiempo de reposo no es de tu propia fabricación. Requiere un segundo par de ojos en el interior de tu ser, para medir tu crecimiento espiritual.

No obstante, puedes estar seguro de que cuando haces lo que llamas "nada," nosotros estamos muy ocupados arreglando muchas capas de tu estructura. Entonces, cuando sales de tu hibernación y te sientes renovado, estás sintiendo la caricia de un ángel en tu propio ser. Alégrate, entonces, por esos momentos en que tu alma te implora que te detengas.

No pienses que detenerte es similar a no progresar en tu sendero dorado. La luz brilla en lo más profundo de tu interior cuando no está siendo rebotada en movimientos apresurados por su dueño. Entonces, no pienses que es egoísta o inútil sentarse a la fresca sombra del prado, y libar con tus pulmones del delicioso aire. Es nuestra oportunidad de ofrecerte abrigo bajo la mirada constante de nuestro amor.

Danos la oportunidad de reabastecerte, querido, mientras brillamos en la alegre conciencia de nuestro Hacedor en la Creación. Juntos Lo rodeamos de aprecio por la alegría que nos brinda el trabajo que hacemos todos en esta Tierra.

Deseos

"No desearé nada" es el solemne voto que tomaste cuando te zambulliste en el molde humano. Sin embargo, ante la extraordinaria realización del despertar en carne humana, te conmoviste hasta tu esencia más profunda ante la revelación de que eres responsable de tu alimentación. Esto te llevó a tiempos de antaño, cuando tu propio ser recordaba momentos de desespero. Tú asumiste este tiempo pasado y lo atrajiste a tus recuerdos del presente y combinaste los dos recuerdos a través del tiempo.

El pasado está salpicando el presente con deseos de placeres terrenales. Amado, no creas que tratamos de ensombrecer tu jardín terrenal. Sin embargo, es hora que te pidamos que consideres de nuevo tus deseos en la luz de lo que verdaderamente anhelas mientras estás aquí en la Tierra. Te imploramos que reconsideres algunas de tus suposiciones respecto a tus necesidades. ¿En verdad crees que el hijo de Dios puede amasar una fortuna para llevarla ante el Padre como una forma de buscar Su aprobación?

¿Qué es lo que verdaderamente deseas, amado? Piensa intensa y profundamente en esta pregunta, ve a tu interior y pronto encontrarás tus riquezas. Pues tú eres una fortuna y un tesoro, un baúl lleno de riquezas que puede multiplicarse tantas veces como te sientas capaz. Usa tu buena fortuna para ayudar a las multitudes que te encontrarán inmediatamente tomes esta decisión en tu interior: "Estoy listo para satisfacer las necesidades de la tierra con mis riquezas. Acojo mi fortuna interior y la entrego libremente pues me reabastezco a voluntad."

Querido hijo celestial en la tierra, la alegría que aguarda esta decisión es inconmensurable comparada con cualquier deseo terrenal. Entrega libremente tus tesoros interiores, y deléitate en el papel que vas a jugar en la obra que ahora viene en camino hacia ti. Observa los ojos dirigidos hacia el cielo mientras ríes y sonríes con aquellos que te buscan. No temas quedarte sin provisiones, pues nuestro Creador Celestial entrega con la misma libertad que tú lo haces con Sus propios tesoros de bondades.

Eres la riqueza que el mundo busca incluso ahora, y cuando abres tu bóveda a los demás, encuentras de repente tu propio valor. Tu instrumento de paz se multiplica al compartirlo; y tu bodega se desborda de frutas maduras para todos aquellos que buscan ser reconfortados. No suprimas a nadie; más bien, entrega libremente todo el amor que tienes para compartir. Fluye la luz libremente desde dentro y desde fuera, mientras ella pasa por tu vida en una corriente constante.

Te proponemos que compartas este secreto: solo posees un deseo, y ese deseo ya se ha cumplido. Busca la grandeza de tesoros en sus gloriosos precintos, y te descubrirás al hacerlo. Pues tú eres el tesoro celestial que Dios nos ha prometido a todos, y cuando nos permites darte, no buscamos otra riqueza más que lo que Él tiene para ti. Pues el cielo está aquí, y nosotros te entregamos sus semillas de alegría. Amado, deléitate en su majestad y bebe de su gloria.

Regocíjate en esta verdad, y sentirás en tu frente el sello de los deseos realizados. Y en esta sencilla realización, descubrirás lo que todos tus semejantes saben: que ustedes y nosotros somos uno en Su corazón. Gloriosos hijos de Dios centellando en millones de reflexiones, como las caras de una piedra preciosa enviando su luz en múltiples direcciones de una sola Fuente. ¡Tú eres esa piedra preciosa!

Desilusión

¿Parece a veces difícil honrarte cuando otras personas defienden sus corazones en formas que te desilusionan? Créenos que comprendemos tu dolor ante la conducta humana, pues hemos visto que has tomado decisiones que no habríamos tomado nosotros si nos hubieses preguntado. Sin embargo, seguimos viendo la bondad relucir en el interior de cada uno de ustedes.

¡Sabemos lo cerca que estás de hacer el mejor de los descubrimientos sobre ti! Te animamos en los momentos de dolor, incluso cuando parece que el final está todavía muy lejos. Estás más cerca de lo que crees del momento de un descubrimiento monumental, querido, y te pedimos que te aferres a la esperanza con nosotros a tu lado. Porque esta fe te llevará aun más lejos de lo que cualquier ser humano ha podido llegar.

Pero, no parece sencillo, ¿cierto? Quizá has logrado un nivel del cual esperabas recompensa y el resultado nunca llegó. Te sientes pisoteado como si los demás te hubieran pisado tu espalda, ignorando el dolor que yace bajos sus pies. Puede que te sientas inútil e indigno del honor que te decimos es tuyo. Sin embargo, existe una simple verdad que es la sanadora de este problema.

Es arriesgado decírtelo, pero creemos que debes escucharlo para tu propio beneficio. No hay nada que llegue a tu mañana que no esté en tu corazón hoy. Por eso, cuando buscas la virtud en tu futuro, siempre te desilusionas. Porque el flujo que buscas ¡ya se ha realizado!, querido.

No pienses que el mañana puede añadir algo a tu realización, pues sería una proeza imposible. No hay nada que añadir a quien no necesita nada, como tú. ¿Qué podría ser añadido a tu mañana que ya no tengas?

Quizá piensas que necesitas algo que no está en tu interior ahora mismo. Te preguntamos: ¿Qué podría ser? ¿Qué cosa podría no haberte dado Dios, o no haberte otorgado en este momento en el cual te encuentras ahora mismo? No pienses que alguien puede darte nada, o enriquecerte con algo que carezcas en el presente. Porque tú ya te has merecido tu creación, y tu Creador te ha prometido el resto.

Algunos traen ideas de vidas pasadas que les han causado culpa y sentimientos de indignidad. Sin embargo, incluso estas creencias no son suficientes como para apartar las riquezas divinas. Porque ningún mortal sobre la tierra podría dejar de recibir las riquezas del Creador Celestial, pues ellas llegan en corrientes constantes ahora y siempre. Entonces, te pedimos que te deleites y disfrutes estas bendiciones, las cuales son tuyas ahora mismo. Tu alegría envía mensajes llenos de luz a Aquél que está en el cielo contigo. Y tu alegría es Su alegría.

Así es, puedes abandonar la idea de que se te debe algo. Estos compromisos que tú has convertido en libretos en determinados contextos para los demás, siempre te llevan a la decepción. Porque Dios envía a los demás a tu vida, de la misma manera que Él te envía hacia los demás. Permite que el espacio de los demás sea como es, y ninguna de sus actitudes podrá desilusionarte. Y puesto que todas tus necesidades ya han sido satisfechas, así también los demás están derramando los tesoros celestiales que pueden ofrecerte. E igual puedes ver tu intercambio, ¡el cual está en el interior de todos!

Dinero

¿Te sorprendería escuchar que no tenemos ninguna opinión sobre el dinero? Pues el dinero, al igual que todo lo material, no tiene utilidad si te desvía de tu sendero hacia la santidad. Por lo tanto, vemos al dinero simplemente por lo que es: una herramienta de destrucción cuando se usa inapropiadamente, y un escalón a la grandeza cuando se aplica apropiadamente.

¿Y cómo reconocer la diferencia?, podrías preguntarte. Pero incluso cuando dices estas palabras, la respuesta llega prontamente a ti de la misma Fuente que te guía en todas las direcciones. Esta Fuente es la misma sabiduría que te ofrece prontas respuestas cada uno de tus días.

Busca respuestas en esta Fuente, en vez de andar en busca de dinero, y observa la diferencia de este enfoque interno en toda tu vida. La visión de que el dinero es esencial proviene de la agresividad primaria de querer tenerlo a toda costa. ¡Éste es sencillamente un punto de vista, querido! Para cambiar tu visión, te pedimos simplemente que des la vuelta y observes otro tipo de baile, en donde el materialismo no sea el único participante.

¿Ves entonces las opciones que yacen ante ti y todos los caminos que puedes seguir en tu vida terrenal? ¿Cuál de estas opciones te ofrece mayor alegría? ¿Y te otorgarás el tributo de recibir la mayor de las recompensas?

No es dinero, sino sus recompensas lo que has deseado durante todos estos años. ¿Podrías correr hacia esta recompensa tan llena de riquezas que jamás te podría ser negada? ¿Qué podría proporcionarte alegría que no seas tú? El dinero no puede hacerlo. Las personas no pueden. El tiempo no puede. Solamente tu sencilla decisión, producto de la libertad, suscita la respuesta de su más elevada recompensa. No alejes esta respuesta por su sencillo carácter, querido, pues la respuesta que mora en tu propia esencia, te espera en este momento eternamente paciente. La respuesta es sencilla. La respuesta es la alegría.

Dirección

¿Te sientes a menudo perdido, dulce niño? A veces te cuesta mucho encontrar tu camino y, sin embargo, siempre estamos a tu lado listos para indicarte el camino a casa en cualquier momento en que nos pidas ayuda. Tu guía, la cual coloca un pie seguro tras otro, te servirá siempre. Nunca pierdes tu guía, mas hay momentos en que tú mismo te escudas ante el curso de su sabiduría.

Dudas y cambias entre la constante puerta de la dirección divina y el círculo de retroceso de tus pasos. Cuando piensas que estás avanzando, te descorazonas cuando ves una señal en un sendero conocido que te indica que has retrocedido y te has perdido. Este es el momento de sentarte y dejar de luchar contra ti mismo, pues aquellos que luchan cuando han perdido el sendero se alejan cada vez más del camino. Pero aquél que se sienta, respira y permanece durante un tiempo con la mirada fija, pronto encuentra su compostura. Y esto resuelve a tiempo el dilema de haberse alejado del camino para que el atardecer lo lleve a casa.

Querido, nunca estás perdido, aunque las señales parezcan mostrarte direcciones distintas y confundirte aún más. Cambias de conciencia de un nivel al siguiente, y te preocupas cuando eres consciente de haber perdido tu enfoque. No te hagas más daño, querido, contemplando tu "pérdida del camino" al borde del bosque. Pues te llevaremos de regreso en el momento perfecto.

Hay otros entre ustedes perdidos en el sendero, y a veces se conducen en círculos entre ustedes sin llegar a ninguna parte. Cuando te sumerges en tu dolor, contemplando hacia donde vas, ¿sospechas haber escuchado una voz interior que te llevaría a casa? Te enseñamos esta brújula siempre presta y te ofrecemos la oportunidad de verificar su calibración. Porque cuando dejas que te guíe fuera de la oscuridad, confías en su presteza para guiarte con toda seguridad en los momentos de dolor. La brújula está siempre en perfectas condiciones, querido niño. Úsala con frecuencia que te guiará siempre y en toda seguridad.

Quizá no te tomas el tiempo de verificarla con frecuencia, y solamente la usas cuando estás demasiado alejado de tu senda. Esto también es sabio, pues te comprueba su confiabilidad. Te suplicamos que la uses con más frecuencia, pues en ella yace la sabiduría del Creador, que Él te ha entregado como una herramienta útil.

Algunos de ustedes podrían preguntarse cómo funciona este sensor y desearían descubrir sus múltiples usos, si nos piden que lo hagamos con gusto les enseñaremos su presencia. Siéntense en contemplación y visualicen que estamos a su lado. Cuando entremos en su corazón con un lenguaje de sentimientos, usen su oído interior para descifrar las respuestas a sus preguntas con sabiduría.

Sabrán que estamos cerca de ustedes por medio de nuestra presencia, la cual envía señales a su mente. Estas señales pueden ser desdeñadas si creen que son producto de su imaginación. Sin embargo, nos acercaremos aún más a todo aquél que nos invoque, y creemos que nuestra calidez no puede ser confundida con ninguna otra presencia. Pídannos que les mostremos esta brújula que llamamos "hogar," y con gusto les enseñaremos cómo funciona. Porque nos honra compartir la alegría que emana de ser un testigo integral del amor que está en el interior de todos nosotros.

Discusiones

Querido niño, ¿estás herido y te sientes agotado por la pesadez de las palabras que has cruzado con otra persona? Descansa en la esquina del cuadrilátero por un momento como un boxeador profesional que está en busca de un gran título, mientras que nosotros restregamos tu frente y te abanicamos con llamas de amor que harán que dejes toda la ira tras de ti. Eres un ser magnífico, amado nuestro, y eres belleza encapsulada en todos los días de tu vida sin excepción alguna.

Tu discusión es un duelo de percepciones, usando puntos de vista como espadas que se confrontan por tener la razón. Pueden usar diversas armas en su contra, pero realmente, al igual que niños pequeños simulando ataques, es imposible que se hagan daño. De hecho, el único vestigio del fantasma del dolor proviene del momento en que deciden participar en una batalla dialéctica con otra persona. Esto es resultado de ideas competitivas en las cuales el "premio" es obtener la cima anunciada del montón. Pero, en verdad, este premio es una prisión de soledad y separación; y los residuos son heridas y malentendidos producto del orgullo.

Hijo sagrado de Dios, obsérvate y observa a los demás a través de los ojos de la misericordia, ¡la cual gime mientras sus egos luchan entre sí! Comprende que la intensidad sonora de tus palabras no puede compararse con la intensidad y la furia con la cual tu corazón implora amor y seguridad. Si puedes tomar tan solo una gota del amor de Dios que nosotros te entregamos, tu corazón se llenará hasta rebosar. Tú tomarías este exceso de amor con naturalidad y harías que se filtrara y exudara desde tu propio ser hasta llegar a tocar todo lo que ha llegado a pensar en ti. Tu mera presencia en este estado mental al lado de otra persona es suficiente para sanar toda maldad.

Reflexiona, querido niño: ¿hay otra solución, otra forma de sanar esta situación que no requiera que se sigan infligiendo tanto daño? ¿no es ésta la solución que tanto te está haciendo sufrir? Dios no te dejaría sin la capacidad de salirte de ese rincón en donde ahora te agazapas contemplando lo que te has hecho a ti mismo.

No tienes que rebajarte ni sentir lástima por ti ni por nadie más, porque ningún hijo de Dios es digno de lástima. Apenas tienes que mantener la posición de lo que es correcto para ti ahora. Al sentir esta fuente de poder en tu interior, puedes llevar al hogar a esa otra persona con quien has discutido. Permite que los recuerdos fugaces del enfrentamiento de tus egos sean meros ecos de una batalla, que destellan débilmente en medio del júbilo de volver a capturar la sabiduría juvenil de tu verdadera naturaleza divina.

No hay nada verdadero que pueda ser penetrado por una discusión. La verdad es la verdad tanto si es comprendida o no. Tú y tu amigo pueden discutir toda una eternidad, pero no disfrutarán de la verdad hasta que dejen caer por tierra sus armas y adviertan la belleza que los rodea. Lo único que hace falta es que uno de los dos señale el atardecer y diga lo espléndido que es, o que hable de la hermosura de la neblina en la espesa bruma o de las gotas del rocío, y tus precepciones indivisas llegarán a un acuerdo.

No pienses que debes perderte para ganar la batalla. En verdad, los dos ya han ganado porque es imposible perder lo que es tuyo por derecho. Regocíjate en tu derecho como hijo sagrado de Dios, y ríe alegremente con todos los que llegan a tu lado, mientras creas un delicioso lugar en donde el amor y la verdad reinan libremente sin restricciones de tiempo ni espacio.

Diversión

¡El jolgorio y la diversión son propios de los ángeles! ¡Por eso les decimos con tanta frecuencia que se diviertan en la Tierra! Piensan que es su subconsciente molestándolos, diciéndoles que se relajen, que tomen descansos y vacaciones. Pero, ¿quién creen que le dice esto a su subconsciente, queridos? Somos nosotros, riendo todo el tiempo cuando vemos que se toman las cosas con tanta seriedad.

Puede sorprenderles escucharnos decirlo, pues les imploramos sin cesar y les suplicamos que tengan en cuenta asuntos de suma importancia. Pero, ¿comprenden, hijos terrenales del Santísimo, que es hora de que vean lo esencial de todas las cosas? No hay espacio para que se malgasten en círculos cada vez mayores que los impulsan al éxito, éxito, éxito. Porque al final de su día terrenal, contarán sus días exitosos como una de sus mayores desilusiones personales. Cuanto más tengan puesto el ojo en la mira, como decimos, más se pierden de los grandes desafíos y recompensas de la vida.

No es nuestra intención asustarte en lo absoluto, dulce niño, pero escucha con tu corazón las palabras que te decimos. Es una pérdida de tiempo quemar en exceso tu motor. Escucha nuestro canto, ríe y toma tiempo en detenerte y mirar tu vida en perspectiva. Y mientras tanto, recuerda que estás en medio de algo grandioso en tu vida terrenal. ¡No confundas el bosque con los árboles!

Disfruta de tu tiempo en la Tierra y escucha con cuidado lo que te dice tu ser interior. Shhh... ¿escuchas este llamado, querido anciano? Ese sonido en el interior de tu corazón es muy querido por ti, porque eres tú, tu ser interior hablándote a través de tus emociones más profundas;

emociones que a menudo ignoras y alejas de ti, pues ignoras su fuente y la información que ellas conllevan. Estas emociones vienen en las alas de un ángel e iluminan tu sendero. No las menosprecies, y no camines sobre ellas con tus decisiones de seguir avanzando, siempre más lejos, siempre más alto en tu mundo de fantasías.

Toma tiempo para respirar y escuchar tu corazón, siempre más despacio. Con eso no nos referimos al ritmo del tambor, sino al canto que entonan tus anhelos y tus gustos. ¿En qué sueñas para tu futuro, querido? Mira hacia atrás y examina todo lo que ha capturado tu atención y aquello que has pospuesto para algún año en tu futuro. ¿No son estos, de hecho, los indicios más antiguos que te han impulsado hacia delante de una forma tan cautivadora que apenas reconoces su existencia? ¿No podrías, más bien, escuchar estos indicios con la emoción propia de un niño?

Puedes confiar en que esta voz no te lleva jamás por la dirección equivocada, humilde niño. Su antigua sabiduría te lleva a un sendero que hace mucho tiempo has olvidado. Entona esta antigua melodía ahora, ¡dulce niño! Susurra su melodía la cual llevas en tu corazón. Y sentirás cómo despierta un indicio en lo más profundo de ti, en una envergadura que jamás te ha ocurrido de este lado del cielo en tu espacio de vida.

Escucha tus indicios internos y expresa los anhelos de tu alma, la cual implora soledad y descanso. Dale el alimento que necesita, dulce niño. No temas poner en peligro tus pertenencias y tus responsabilidades porque acudas a tu llamado de descanso y relajación durante un momento. ¿Acaso no te has ganado tu custodia perfecta por el sólo hecho de tu herencia sagrada? ¿Quién entre ustedes es mejor o peor que otro? ¿Y quién puede contener el espíritu del hombre en carne humana?

Siéntate y descansa entonces, niño terrenal, y escucha las melodías de tu corazón alborozado. Sigue tu historia antigua y prueba por un tiempo la temperatura de sus aguas. Regresa a casa, dulce niño celestial. Regresa a casa siguiendo tus emociones y sentimientos más profundos, los cuales te acercan a ella cada vez más.

La naturaleza festiva de tu alma retoza sin cesar en tu interior, y nosotros estimulamos tu conciencia en aumento causando que explores aún más este patio de recreo que llamamos "Tierra." El alma extiende sus brazos con deleite y ¡se libera en la luz del sol del juego y la diversión!

Ego

¿Qué es esa cosa a la que llamamos "ego"? ¡Porque ni siquiera es una cosa! Su esencia se está manifestando ante muchos de ustedes como la mayor ilusión de todos los tiempos. Aun así, su poder yace listo para bloquearte con la paradoja de que a pesar de no ser una cosa, también sirve como un guardián de la ilusión de muchas de las experiencias que crees tener.

Déjanos explicarte mejor lo que es esta cosa/no-cosa. Para comenzar, tú escoges un momento en el cual sirves en capacidad de semidiós de tu propia fabricación. Esta decisión nació de una mente en el ego, que a tus espaldas, no sirvió para nada más que para susurrarte necedades que te preparan para llevarte a esta "gran aventura" del servicio egoísta.

La creencia de que tú puedes mantenerte cautivo, y aun así no servir otro propósito más que esclavizarte en este reino de tu propia fabricación, fue el despertar del ego en su captividad. Pero, incluso así, sus acciones no pueden ponerle barreras a la confianza divina, la cual es inmensurable en su capacidad, ¡pues esa confianza puede filtrarse en cada instancia de tu mente! No hay muros que te puedan separar de Dios, pero en tu conciencia, puedes servir como tu propia barrera la cual parece "protegerte" de Su grandeza.

Él es tu mejor aliado, no obstante, tu ego busca convertirte en su maestro envolviéndote en antros de mentiras respecto a sus funciones las cuales solamente sirven a un propósito destructivo. Equivale a decir, en verdad, que no sirve absolutamente a ningún propósito. Porque aquello que es destructivo es una no-cosa, y no debe por lo tanto temerse. ¿Y, acaso tú desecharías todas las cosas celestiales por siquiera una instancia minúscula al servicio de esta capacidad de ser esclavo de tu propio ego? No pienses que la vida normal es capturada en la película de la propia creación del ego. Pues, lo que tú buscas, lo que nosotros llamamos paz y felicidad, está en el reino del ahora.

La ternura y la compasión que Dios vierte sobre ti te bañan por completo en Su gloria sanadora, en donde tú compartes Su mente como la tuya propia. Siente regocijo en este despertar, precioso niño, que lo que has hecho para servirte no es nada más que esta gran ilusión. Como las muñecas de papel de una niña, esta ilusión puede guardarse en un baúl por ahora, a cambio del verdadero sustento del reino de Dios en el cielo, el cual está presente aquí y ahora en la hermosa Tierra.

No hay nada que temer, pero el ego te hace creer lo contrario. No busques su categoría, ni sus cumbres elevadas, porque no hay nada por encima de ti en este reino. Dios comparte por igual *todas* sus riquezas entre ustedes. La ventaja que buscas sobre tus semejantes no es nada más que Su propósito disfrazado. Porque aquél que es tu semejante está autorizado para concederte estos dones sobre tu cabeza ungida; y estás siendo agasajado con los rayos del sol junto a tus semejantes en la alegre revelación de que el reino está aquí. El reino está aquí.

No más esperas, no más anticipación. La espera y la anticipación son esclavas del ego, querido niño. La hora de tus buenas nuevas es ahora, no en un futuro distante. Respira y bebe de tu ahora con alegría. Porque Dios desea que Sus hijos sagrados dancen alegremente entre ellos, que canten en alegre tribulación y que dancen a Su canción. Agradece que esto es así querido niño, y no busques más allá de lo que está aquí a tu lado ahora. Porque está aquí, y es ahora, y ¡es muy, muy bueno!

Embarazo

El periodo de gestación antes del nacimiento es crucial para la salud de la madre, y estamos prestando asistencia sin cesar a las madres del globo. Últimamente, nos interesan las explosiones y la tensión en el interior de los corazones amorosos de las madres. Y vemos, entonces, esta plataforma como un buen medio para entregarles la información que estamos esperando que se realice en los años venideros.

No hay un momento más crucial en la Tierra que ahora. Tu planeta busca su balance y su ritmo, y su movimiento está llegando a su vuelta final. Las implicaciones son bastante serias para los habitantes de este globo. No obstante, los niños han elegido nacer como precursores de esta nueva era. Por esta razón, prestamos atención especial a los vientres en los cuales se gestan sus cuerpos vivientes. Y le imploramos a quienes han decidido ser madres, que cuiden con especial atención sus vientres crecientes.

Es cierto que la dieta, el aire fresco y el ejercicio son esenciales. Y además, el aire fresco en la forma de relajar sus pensamientos y alejarse de las preocupaciones mundanas es aun más necesario. Pues, ¿quién de entre ustedes necesita bienes materiales dispersos, cuando el propio equilibrio de la vida está en duda? Madres del globo, les imploramos, por lo tanto, que se cuestionen todas las razones de sus actividades mientras llevan en su interior este nuevo niño celestial ¿Existe alguna posibilidad de que te escapes de tus angustias y tensiones aliviando tu carga? Pues, cada vez que dejas a un lado los asuntos materiales, y descansas de tus pesadas cargas, el cuerpo de tu hijo refleja esta luz radiante.

No has comprendido la profundidad de la

importancia de traer a salvo a estos niños, entonces, te recordamos de nuevo tu misión de naturaleza sagrada. Tu tiempo materno es mejor usado en contemplación de tu mundo interior, al girar de tu mundo externo para realizar este ajuste. No es un cochecito ni una cuna lo que necesita tu bebé en este momento de la historia planetaria, sino guía, suave luz y dulce inocencia de ti, la madre del hijo terrenal de Dios.

No busques, entonces, un enfoque externo para tu hijo. La criatura no debe olvidar su llamado celestial, o nos rezagaremos en marcha atrás esperando el regreso del niño al cielo. Recuerda tu propia decisión de dar a luz este bebé, y usa este enfoque para marcar desde ahora, en la mente de tu bebé, su sagrada misión. No lances su mirada hacia la superficie de la tierra, sino más bien mantén sus ojos en dirección al cielo. Las lecciones con las cuales regresa tu hijo a la Tierra vienen selladas bajo llave en su alma, y tú, su fiel ayudante de vuelo en esta escritura sagrada y crucial, puedes ayudarlo a revelarlas.

Tu hijo, en este momento planetario, no es tuyo, querida madre. Tu hijo pertenece a la Tierra. Deja entonces que tu hijo siga hacia delante, y activa su razón de estar aquí.

Ora y canta siempre por tu hijo. Pídenos que lo rodeemos con nuestra gentil mirada. Llena sus sueños de ideas de regresar a su estado de gracia siempre presente. Y no te interpongas entre el cielo y la tierra con tu hijo, o te perderás de tu salvador terrenal, el cual posee riquezas para guiar el planeta.

Qué fácil es toda esta revelación, pues con este sencillo recordatorio, las madres pueden prestar atención a la misión de sus hijos para este planeta. El momento es ahora, y tú que llevas la naturaleza materna en tu vientre, seguramente estarás de acuerdo en que siempre lo has sabido.

En busca de empleo

Sabemos que a veces esta situación te pone nervioso y, sin embargo, ¡debería brindarte gran alegría! Te acompañamos en tu búsqueda de verdadera armonía. Porque después de todo, ese es nuestro trabajo, y nos arremolinamos alegres a tu alrededor. Encontremos la paz juntos en este mundo en los detalles sencillos que ocurren cada día. Eres el núcleo de lo que es esencial en este planeta, y solamente hay un ser después de todo. Juntos asumimos este trabajo sagrado de la creación, y esto trae a colación nuestro tema del día.

Cuando corres a toda prisa y te precipitas de cabeza en un empleo que no se acomoda a ti, vas directo hacia un muro en tu interior. Porque siempre que hay una competencia, también hay un duro final. Deseamos lo que deseas para ti, amado: es decir, gentileza y gracia que trascienda todos los temores terrenales por toda la eternidad. Calma, entonces, tu interior y escucha verdaderamente nuestras palabras en el nivel más profundo. Deja que nuestro amor resuene en tu interior mientras que rodeamos tu aura con influencias tranquilizantes que desaceleran el pulso de tu cuerpo al nivel del suave susurro de la brisa transportada en el aire.

Eres esencial para este mundo. Debes escuchar este mensaje en lo más profundo de tu ser. No hay tiempo que desperdiciar para empezar a asumir tu justo papel, pero aun así cuando te precipitas hacia atajos laterales que te llevan a ciertos empleos, esperamos con paciencia. Aunque sabemos que te espera una alegría mucho mayor en otra parte de tu interior.

Piensas que encontrar un empleo adecuado para ti es

muy difícil, pero nosotros creemos que existe uno perfecto en este momento. No hay demora entre asumir el plan divino de la creación y las oportunidades correctas para conseguir los frutos de este plan. Póstrate ante ti en tu interior, ser amoroso, y escucha Su dulce voz, la cual te llama al servicio de Su plan perfecto. Su voz espera a aquellos que marcan su tiempo con servicio y, sin embargo, en la puntualidad celestial, este servicio no existe tal como lo conocemos ahora. Esta gracia que es interna, te marca como Su humilde servidor y para los que escuchamos estas palabras nos coloca en una posición elevada. Pues todos aquellos que se postran ante Su gracia y asumen Su humilde servicio, encontrarán alegría en abundancia.

No hay carencia en Su espacio y todos aquellos que compartimos Su mesa, celebraremos eternamente en Su presencia. Asimismo, todo aquél que cuida de ti está también a tu servicio. Esta comunión entre ustedes y Él, es la esencia de tu trabajo: el círculo eterno de amor mutuo. Deja que el amor fluya a través de ti ahora, amado, y mientras te guía como un hilo de seda tejido sobre tu sendero, tus oportunidades se enriquecerán con la dorada gracia de los demás, quienes te llamarán a unirse a Él en Su humilde servicio.

Te ves a ti mismo siguiendo un llamado y estás totalmente en lo correcto, hermoso ángel sobre la Tierra. ¡En verdad estás siendo llamado! Y Aquél que te llama, te interpela con frases tranquilizadoras para que sepas que hay mucha razón en tu alegría. No te equivoques buscando fuera de ti porque está en tu interior, incluso ahora mismo. Tu magnífico empleo te satisface de muchas maneras, y tú que buscas la santa gracia en lugares de baja ralea, no la encontrarás bajo cubiertas escondidas. Pues Su luz ilumina con gran resplandor a todos aquellos de nosotros que nos tornamos con valentía hacia la faz de la luz.

Humilde servidor de Dios, asume tu sociedad con aquellos que surcan la Tierra en busca de Su gentileza. Tu empleo yace no en el exterior, sino en tomar tu propia mano cuando caminas disfrazado de un hermano o hermana. Porque todo aquél que encuentras en tu camino, solamente es un reflejo de tu propia servidumbre. Sírvelo bien, y verás Su máscara en el espejo en el interior de todo aquél que encuentras. Escóndete de Su gracia y verás el rostro del miedo en los demás, al igual que en tu interior.

No hay nada que temer, amado, y confía en que te llevamos a las posiciones perfectas que cumplirán con tus tareas celestiales. Deja que las puertas equivocadas se cierren fácilmente y no intentes abrirlas a la fuerza. Ellas drenan tu energía vital mientras que estás en la Tierra, y no debemos darnos ningún portazo siempre y cuando estemos cobijados por Su sabiduría amorosa, la cual flota en nuestro interior como una brisa veraniega.

Estás siendo eternamente guiado; ten la certeza de ello. Con toda seguridad, Aquél que te trae oportunidades, te guiará con gentileza durante todo el camino. Puedes ser testigo de Su grandeza sosteniendo Su mano mientras Él te ayuda a atravesar los oscuros pasajes en donde no puedes ver la salida. Aquél que es totalmente digno de tu confianza no te traicionará ahora ni nunca. Mientras sientes Su gratitud pulsar bajo tus pies, permítenos asegurarte que te transporta hacia nuevos paisajes, al igual que las alas de Mercurio.

Dios jamás te dejará hambriento ni te dejará vivir en escasez, amado y precioso hijo de Aquél que te ama eternamente. Cuenta tus bendiciones y observa cómo se multiplican en todos los aspectos. Tu empleo perfecto está aquí para ti ahora, y nosotros te llevamos hacia él con tu permiso. Cantamos con júbilo mientras flotamos en la alegría del sueño de la vida. ¡Disfruta de tu esencia, amadísimo nuestro! Eres un dulce hijo del cielo sobre esta sagrada Tierra, ¡y hay mucho deleite en ella para ti!

Busca la alegría y te seguiremos de cerca ayudándote a avanzar en el camino. Recuerda siempre que eres amado. El amor es tu empleo para el cual estás muy bien versado. ¡Amén!

Envidia

¿Ves en los ojos de tu hermano un destello de lo que buscas para ti mismo? Este monstruo que llamamos "envidia" ha mantenido cautivos a muchos a lo que lo origina: el miedo. Cuando buscas capturar el estado de un hermano y sobrepasarlo en su obra, observa sinceramente el deseo y reconocerás lo que hay ahí. Porque el amor es la esencia de todo lo que eres, y no debes desviarte de tu verdadera naturaleza ni ahora ni nunca. Lo que envidias está en ti eternamente, porque amor es todo lo que eres y todo lo que siempre serás.

¿Te imaginas que la acción de tu hermano va a capturar la atención de un ser que implora amor caprichosamente? ¿Existe una envidia imaginada de este amor, sintiéndose carente, cuando es dado a aquellos que parecen tener más que otros? Pues, la riqueza de uno no es necesariamente la riqueza de otro, pero el amor que está en el interior de todos se extiende equitativamente entre todos siempre.

El dolor que hay en tu corazón en el nombre de la envidia, se deriva de la piedra esculpida que cierra la conciencia de la eterna presencia del amor. ¿No nos pedirías que apartáramos esta piedra, para que la luz del día al amanecer pudiera brillar intensamente, con una frescura tan dulce que la envidia no pueda entrar en este escenario? Porque no hay valla que debas saltar para elevarte entre tus hermanos. Tu envida es atracción hacia eso que parece luz, pero es, más bien, rebajar a un hermano para que tú puedas escalar. Piensa que nada es posible sin el otro, porque en la unión todos somos elevados a la montaña más encumbrada. La luz nos ilumina a todos libremente, inundándonos en su luz por el puro precio de mirar hacia arriba.

Aquellos que sienten envidia aléjense de la oscuridad y vengan a la luz de la sabiduría de que son tiernamente amados. Aléjense de las sospechas que no los llevan a ninguna parte, y acérquense a Aquél que mora en sus corazones. Porque la envidia corta los lazos que los atan mutuamente y atrae dolor y sufrimiento.

Tu Creador no ama a uno más que al otro, y no se ha extraído nada de lo que te pertenece. Permanece tranquilo sabiéndolo, querido, pues posees Su abundancia de amor en todo tu ser. Sus pensamientos te otorgan misericordia segura y constante, mientras que Su amor purifica tus pensamientos que podrían vedarte de recibir todos sus dones sagrados. Busca en lo profundo de tu corazón, y aleja tus sufrimientos. Pues tu santo altar es digno de pureza y sabiduría.

Luego, corrige con suavidad el pensamiento que te ha enseñado lo contrario, querido, y no te quedes ni un segundo más sintiendo apetito por el pan ajeno. Hay abundancia para todos, y tu alegría llega libremente cuando le pasas una porción a tu hermano a la izquierda y otra a tu hermano a la derecha. Sírveles con generosidad, y tranquilizate sabiendo que todavía más se te está dando con agrado. Esta es de hecho tu bendición, concebida en el fruto de la acción.

Porque cuando miras a un hermano como un reflejo de la grandeza que eres, ¡tu alegría supera aquella conseguida por todos los logros sobre la Tierra!

En verdad eres bendito. Amén.

Escritura

Muchos de ustedes se sienten atraídos a escribir en estos tiempos, y déjennos decirles la razón de esto. Existen registros antiguos de una época en que muchos eran escribas en una tierra foránea. Ellos se escribían cartas mutuamente y de esta forma compartían sus niveles de conocimientos, como escalones que eran construidos entre ellos mismos. Esta formación basada en las experiencias mutuas es el impulso externo de miles de años de energía construida con base en las masas de seres. Dio como resultado palabras que ahora flotan libremente a través de muchas manos. Mientras ustedes intercambian palabras, están siendo impulsados hacia arriba en la espiral del ciclo energético.

Amados, es bueno que escriban, y los ángeles bendecimos a aquellos que buscan compartir sus escritos con los demás. Les pedimos que no esperen a que los demás les pidan que compartan lo que han escrito, sino que lo hagan libremente para que puedan deleitarse en el brillo de la gloria divina, escrita a través de sus manos. Tienen mucho que dar, es cierto, y no deseamos frenarlos de este flujo natural que impulsa las palabras a través de su mente y de su cuerpo hacia el papel. Querido ser, ¡da, da y da aún más! Entrega tus palabras y bendícelas mientras te siguen llegando libremente.

No temas jamás que tu pozo pueda vaciarse, ni temas que otras personas puedan herirte si les entregas tus palabras, pues las palabras son hermosas y no batallan con el cielo. No tienes que esforzarte por ponerlas en acción, porque ellas navegan según su propio curso una vez que han emanado de la Mente de todas las Mentes. Compartes su luz cuando compartes su progenie en la forma de palabras. Ilumina con mucho resplandor, como alguien que observa un espejo al sol del mediodía. Esta persona no piensa hacia dónde se están enfocando los rayos de luz, apenas disfruta de mantener el reflejo que brindan sus rayos.

Enfócate, entonces, en la gloria que es el centro de las palabras e irradia tu luz eternamente, eternamente y eternamente, como lo hace el Creador con todos y cada uno de nosotros. No impongas sombras sobre la luz con ideas sobre le mejor forma de viajar. Tu mente no conoce límites en cuanto a la emoción de enviar y atrapar los rayos del sol. Usa esta emoción de la mejor forma posible, pues tu energía es como la cresta de una ola que puede impulsar o estrellarte, según tú lo decidas.

Permítenos seguir tu rastro de decisiones para usar la energía como un portador de luz que atraiga luminosidad a un mundo oscuro. Nos reunimos alrededor de tu emoción con nuestra propia alegría, posándonos sobre tus pensamientos y con la intención de guiarlos hacia radios de círculos siempre en expansión. Observa cómo se tocan y se mueven estos círculos, mientras tú impulsas con inocencia el amor de tu corazón a través de tus ideas y tus acciones. A medida que progresas en tu escritura hacia la luz, ten la seguridad de que nosotros tocaremos este instrumento llenos de gozo hasta convertirlo en música, lo cual amplía aún más su círculo de irradiación. La luz envía tus palabras al mar, y navegan muy lejos, llegando a todos aquellos que tienen sed de éstas.

Tu obra se realiza con tu simple intención de causar que los corazones de los demás se llenen de pasión y resplandor al buscar la luz. Usa este amor de la mejor forma posible, amado, y nosotros te llevaremos un rayo por encima de la algarabía de la gracia mortal. Jamás temas que pudiéramos pasar por alto cualquier obra humilde realizada en nombre de la humanidad. Pues, te elevamos más alto de lo que cualquier hombre pueda llevarte; ten entonces la seguridad de que estamos a tu lado siempre. Somos tus ángeles en el nombre de Dios y te ofrecemos mucho amor y paz por siempre y para siempre.

Estrés

Agobiado por la vida, encorvados por el peso que lleva a los mortales a situaciones mortales, este estrés tuyo nos concierne. Te pedimos que dejes por tierra tus pesos y nos cargues más bien a nosotros. Siente la liviandad de nuestras almas en tu espalda mientras te despojamos de las angustias que te hieren. Siente nuestra danza en tu espalda y siente cómo acariciamos tu columna mientras te aliviamos de preocupaciones que te has impuesto por cientos de años. Por tiempos inmemorables te hemos ajustado, y te seguimos ajustando aun más. Siempre estamos contigo; no te preocupes.

Sin embargo, te recordamos que cuando te fundes en tensiones que parecen haber sido vaciadas como yeso sobre todo tu cuerpo, te estás endureciendo en una densidad similar a una concha. Aunque usas esta concha como un medio de protección, te sirve como una barrera a través de la cual no podemos servirte, excepto en una emergencia mortal. Permítenos romper ese yeso que impide nuestro acceso a tu propia alma.

No nos haces sufrir con tu alejamiento, pero deseamos una gran cercanía contigo. Comparte con nosotros, pues, tus penas y cuéntanos tus historias de amargura. Vuélvete hacia nosotros en tu sufrimiento y con gusto transformaremos tu tragedia. Te prometemos que siempre extraeremos la luz de su centro y te la daremos de regreso.

Sabemos que hay momentos en que te sientes atemorizado. Sabemos que los estragos acosan tu vida, como alguien que está enlodando un piso recién lavado. Entréganos la escoba y el trapero que nosotros limpiaremos con gusto tu vida. ¿No comprendes la profundidad de nuestro amor por ti? Todos trabajamos juntos en este plano mortal, y ¡no somos tus enemigos en momentos de estrés! Sin embargo, vemos que culpas a Dios por tus muchas dolencias.

Hay momentos en que te sientes muy solo, y vemos en tu corazón que te sientes sin amigos y sin amor. Te enviamos rayos y no puedes sentirlos. Pues, no podemos ofrecerte mucho sustento cuando construyes estructuras para esquivar el temor y otros sentimientos. ¡No temas sentir, amado! A veces, cuando sientes que tu corazón se hará pedazos si demuestras un ápice más de emoción, ¡es cuando estamos más cerca de ti que nunca!

Apóyate en tus sentidos, sólo por una vez, durante momentos de tristeza, y sentirás nuestra suave presencia a tu lado. Te besamos las mejillas cuando lloras y acariciamos tu ser con nuestras amorosas alas. Tu alma jamás nos ha abandonado, ¡nunca podríamos dejarte muy atrás! Permítenos tocarte con la gracia y la misericordia de Dios, la cual te baña con su nobleza y te vierte su amor. Querido niño, jamás has dejado Su poderoso y grandioso corazón.

Estamos aquí para recordarte algunas cosas claves que puedes haber olvidado y alejado de tu mente. La primera es que no existe un lugar en el tiempo de los mortales en que la locura pueda reemplazar la paz que hay ahora en el cielo. La segunda es que, a pesar de que la tragedia te rodea, tu corazón sigue latiendo en sincronía con Su amor. La tercera es que estamos aquí para servirte, al igual que tú nos sirves regresando alegremente al conocimiento de Dios en tu corazón. La cuarta es que durante tiempos inmemorables, hemos intentado conocerte mejor, y ahora vemos el resultado que nos acerca para disfrutar de un tiempo feliz juntos. Y respecto a esto, la quinta es que el miedo puede ser un escalón al amor si, sencillamente, le haces frente a su verdad y comprendes que tú, y todos los demás, son el amor que Dios ha puesto aquí para brillar mutuamente.

Te pedimos que recuerdes estos puntos claves, no solamente en tu mente, sino en tu corazón, en donde fueron colocados cuando fuiste creado. Estos puntos claves son los que abren las puertas del reino como por arte de magia, pero, en realidad, están en orden perfecto con la voluntad de Dios. Ten fe en tu Creador, amado niño, y verás Su huella a través de todo en este universo mortal.

No busques el amor en los lugares equivocados; brilla Su luz desde tu corazón hacia todos los seres sobre esta tierra. Eres un mensajero, dulce ángel, y el estrés que sientes te será retirado como una falsa máscara que te has puesto por error creyendo que era para protegerte. No te rodees con una concha mortal, más bien irradia hacia el exterior para que puedas beber de Su esencia con tu propio aliento.

Ponte a disposición del nombre de Dios y siente la protección que te concede Su amor. Pues, no hay peligro ni riesgo en este Amor, y estás bendito en Su santo nombre. Te agradecemos por escuchar nuestras palabras desde tu corazón, pues somos tus ángeles, y te impartimos nuestro honor y nuestro amor celestial.

Falta de aprecio

¿Te sientes solo, miserable y poco apreciado? Estás herido por el hecho de que otra persona menosprecia tus logros y tus méritos de los cuales hay en abundancia. Te devalúas a través de los ojos de otro, asumiendo el papel de este raptor, el cual contiene elementos de celos, conmoción o indiferencia.

¿Concentras tu mirada en la arena o en las montañas a lo alto? ¿Miras a las estrellas titilantes en el cielo nocturno o escuchas los lamentos distantes de tristeza que se oyen a lo lejos? Perteneces entre nosotros aquí en el cielo, aunque disfrutes tus días restantes en la tierra.

Pues decimos que aunque los murmullos de aprecio parezcan caprichosos y deleitables, el sonido que produce el Creador al darle la amable bienvenida a aquellos de ustedes que le entregan sus corazones y sus anhelos, es mucho más valioso y duradero que cualquier alegría que pudieras recibir como producto de la alabanza de alguien. Te pedimos que te alejes de los pequeños anhelos, y des una pequeña vuelta con tu corazón hacia atrás, en donde estamos ahora para darle la bienvenida a aquellos que comparten nuestra sed y nuestras ansias por el amor de Dios.

Él saciará tus profundos deseos, querido niño. El único costo a pagar por Su amor es tu percepción elevada, pues eso es lo que lo atraerá a tu corazón y a tu conciencia. No tienes que afanarte por lograr los anhelos cada vez mayores, que vemos en muchos de tus hermanos y hermanas en la Tierra. No hay penuria que te haga merecer tu justo lugar en el cielo. ¡El cielo está aquí! Aquí, en la Tierra, para aquellos que hacen de ella su hogar de alegría y gozo.

Amado niño, no debes preocuparte por tus errores o por aquellos cometidos por tus semejantes. No seas duro con ningún ser, dulce ángel. ¿Por qué te enfocarías en lo que se arrastra por el suelo, cuando puedes fácilmente sumergirte bajo el abrigo del grandioso y maravilloso cielo? No te afanes en la Tierra en tu conciencia, más bien, entrégale tus anhelos a Aquél que puede salvarte de ti mismo.

Dios comprende todas y cada una de tus necesidades, querido. Él susurra tu nombre en aprecio constante por quien eres en Su Sagrado Corazón. Vas, en verdad, hacia la dirección correcta en el momento en que deseas la unión con tu santo Creador en la Tierra. Pues, encontrarás a Dios en el corazón que pulsa en el interior de tus raptores, quienes son realmente tus hermanos y hermanas de sangre. No debes preocuparte porque el uno o el otro se haya equivocado contigo. Todos estamos aquí contigo en un gozoso círculo de celebración, y te pedimos que te unas a nosotros en la celebración de la luz que te rodea con éxtasis.

¡Eres Su hijo bendito! ¡Eres Su hijo divino y puro como las perlas! Tu aprecio está implícito en tu propia esencia, y nos postramos ante ti Dios encarnado, pidiendo tus continuas bendiciones, mientras nos fundimos con la divinidad en esta tierra sagrada.

Fatiga

Querido, ¿te sientes desgastado, agobiado por las pesadas cargas de la vida, por todas las tribulaciones que llevas sobre tus hombros? Permítete un respiro. Porque cuando inhalas con suavidad el aire en tus pulmones, nosotros te rociamos con el oxígeno de nuestra ternura. Estás dolorido y ansías alejar tus presiones y, sin embargo, te rehúsas a proporcionarte esta dicha.

Nos sorprende observar cómo te intimidas una y otra vez, y te sometes. Creemos que la necesidad de convencerse a sí mismos de seguir esta sumisión es prueba suficiente de su naturaleza falaz. No obstante, sin descanso la humanidad no puede prosperar. Ahora es el momento de sentarte y contemplar aquello que es valioso en el Universo. Cuando pasas tiempo solo con el Hacedor, tu corazón late en armonía con Su propio ritmo universal.

El cambio de siglo pronto hará su aparición, queridos niños, y los urgimos a despertar a través de estos dorados momentos de silencio. Por eso, corremos a toda prisa tras cada uno de ustedes mientras los vemos apurados una y otra vez. Ustedes escuchan que les suplicamos que se calmen y descansan en silencio, en medio de su respiración, se quedan sin aliento y se lanzan de nuevo en el mundo.

Vemos el sello del temor sobre tu frente sudorosa, y vemos que este temor impide que colmes tus ansias de silencio, de dulce silencio. Te apremias y te apresuras, y ahora estás cansado. No obstante, alégrate por este momento de fatiga, amadísimo hijo de Dios, porque mientras descansas tu mente y tu cuerpo agobiados, nosotros nos recostamos a tu lado y te contamos nuestras historias.

No permanecerás agotado por mucho tiempo, una vez que aceleres nuestra aparición a través de tus invocaciones constantes. El tiempo de los ángeles es distinto al de los hombres, y somos testigos de tus ansias de amor a través de nuestra fija contemplación en Dios cuando estamos a tu lado. Acércate a nosotros entonces para satisfacer todos tus deseos. Aliméntate de nuestra fuente directa del Creador, y dale a tu corazón un suministro constante de amor.

Se acaban las ansias en el corazón, el cual bebe eternamente de la fuente de amor de su Hacedor. Siente cómo se desvanece tu hambre y cómo se recarga tu suministro según lo requiera, sin tener que volver a posponer nada para ti. En verdad mereces este placer al que te entregas por derecho, entonces no lo pospongas un minuto más.

Sea lo que sea que estés haciendo en este momento, está bien que dejes de hacerlo. Tus ángeles estaremos a tu lado listos cuando tomes el descanso tan merecido. Inhala ahora el amor del Creador, y construiremos un puente de corazón desde la Mente de Dios a la tuya. Atravesarás este puente con mayor velocidad, pues ahora sabrás cuándo estás deseando reunirte con Él. Compara cada momento de tu día con este momento de reunión con el Creador, y jamás te permitirás de nuevo estar alejado de Él en tu mente sagrada.

Lo único que te pedimos es que ores sin cesar para permanecer constantemente en este puente. Un flujo constante de pensamientos de tu mente a la Suya emana continuamente en una unión iluminada. Porque tú y Dios son uno, unidos incluso entre nosotros los ángeles. Es hermoso impartir y ser testigos del flujo permanente de amor, y tu corazón lo anhela ahora mismo. ¡Bebe, bebe, bebe, dulce niño! Bebe hasta que tu corazón se sienta colmado por el amor. Jamás dejes ni por un instante de contemplar tu situación, más bien permanece flotando en el amor, porque ahí es donde están todas las respuestas.

La calma de este amor está contigo durante todo tu día, y sostiene tu mente en todas las circunstancias. Piensa en Él constantemente y no desearás nada. Y no sentirás fatiga.

Felicidad

Sabemos que muchos buscan eso que llaman "felicidad," pero también vemos mucha confusión respecto a lo que puede brindarles esta condición. Vamos entonces a usar unas cuantas páginas contemplando esta importante situación que ustedes anhelan. Pues en estas páginas, podemos resolver mucha confusión la cual, en verdad, es la única barrera que los separa de su sagrada meta.

Algunos te dirán: "Mi camino es el único camino." No sigas a nadie que te aleje de la Fuente de todos los premios. Camina con los ángeles que cantan, no desatinos sino "Santísimo, santísimo, santísimo." Cobíjate bajo nuestras alas de amor, mientras contemplas con mayor profundidad lo que estamos a punto de decirte.

Primero, debes saber que todo lo que te hace sufrir es una simple ilusión. Es una distracción diseñada para alejar tu atención de Dios. No hay división entre tú y tu Creador que pueda privarte de la felicidad ni siquiera por un segundo. Todo es Dios, y lo que no es Dios es imposible. En este sentido, la infelicidad es imposible.

Preguntas entonces, si esto es cierto, lo cual te aseguramos, ¿por qué me duelen el corazón, la mente y el cuerpo? ¿Por qué siento un anhelo tan profundo que abandonaría todo aquello que poseo a cambio de un solo momento de paz? Y te respondemos, si escuchas hacia dentro de tu corazón: deja por un momento todas tus dudas y escucha lo que te decimos.

La segunda cosa más importante que debes comprender es que todas las miserias de las cuales eres testigo son solamente un reflejo de aquello que no ves, que mora en tu propia mente. La voluntad de ver la verdad es la primera solución para que salgas del caldero infestado de horrores que te rodea, niño amado.

¿Anhelas escaparte de este supuesto dolor? Detente entonces un momento, y considera que puede ser que tú lo hayas inventado todo. Y ríe, si la risa te llega naturalmente, ante esta locura porque solamente los verdaderos locos podrían desear la antítesis de Dios al precio de su soberanía.

Regresa a tu verdadero lugar de santidad, al trono de paz en el interior de tu corazón, querido. No residas más en sustitutos foráneos de tu verdadero reino que yace ante ti. No seas testigo del dolor, y no desees más heraldos distintos a tu ser sagrado. Pues la felicidad es tu hogar y tu ser, y estás siendo guiado a regresar a Él ante la sencilla comprensión de que está integrado a tu aliento. No busques la felicidad en una mente que trata de escaparse de sí misma. Más bien, alégrate ante la sencillez de nuestras prescripciones de descansar en tu corazón por un momento.

En tu imaginación, crees que la felicidad es una cosa que debes perseguir y por la cual debes luchar hasta vencerla antes de capturarla. Esta bestia que imaginas es solamente tu propia idea de que tu verdad es ilusa en su naturaleza. ¡Te aseguramos que no lo es! Al rechazar aquello que parece demasiado simple, ignoras la tranquilidad que te llevará fácilmente a tu hogar.

No creas que tienes que proteger tu cuerpo o una situación del peligro mientras buscas la verdad fuera de ti mismo. Porque al pensar que debes cambiar algo que temes por algo que deseas, atraes terror continuamente a tu mente. ¡No puedes perder nada que sea real, querido niño! Nadie tan precioso como tú puede sufrir, excepto si tú lo decides. Y aun en ese caso, puedes deshacer ese dolor con tu simple deseo de detenerte y renovarte.

No hay complejidad en la felicidad, pues la sencillez es su ingrediente más esencial. Regocíjate, entonces, en la naturaleza real de tu verdadera esencia. Regocíjate en el espíritu viviente que eres, y el cual Dios creó para Su santo propósito. Y al regocijarte, te bañas en asombro continuo por los dones que son tuyos y tú has deseado. No tienes que ir a ningún lado más que donde estás, y una sencilla inhalación profunda y una oración son tu pasaporte a ese lugar que por tanto tiempo ha parecido evadirte.

Amado, respira profundo y ora:

> *"Creador celestial, te pido tu bendición en este momento que anhelo regresar al hogar en mi corazón. Sé que Tú estás muy cerca y te imploro que yo logre sentir al cielo en el interior de mi corazón. Levántame en tus brazos ahora, amado Señor, y llévame contigo al hogar."*

Honestidad

¿Con quién más debes ser honesto, sino contigo mismo? Ahí está Dios, Quien ve todo lo que es verdadero en tu corazón. Sí, Él ve tu amor continuamente, y Su Espíritu Santo despeja tus cuitas ante tu llamado de ayuda. Tus ángeles y tu espíritu comenzamos a ver tus ideas irradiando de tu mente, y como pronto verás no hay pensamiento que pueda ser mantenido tan privado que ningún ojo pueda observarlo. Todo está abierto aquí en el cielo, y no tratamos de controlar tus pensamientos, sino más bien ayudarte a guardarlos en tu corazón amoroso.

Si pudieras ver lo que vemos en tu corazón y en tu mente, tendrías mucho cuidado de custodiar tus pensamientos con gran amor. Dejarías de lanzar al viento tus pensamientos, en donde puedan llegar a crear al igual que una semilla que vuela a través de las llanuras.

¡Oh, jardinero de grandes y pequeñas creaciones!, detente un momento para observar tus preocupaciones desde nuestro punto de vista. Temes que te quitemos a la fuerza la horca y la pala de tus ocupadas manos. Pero lo único que deseamos hacer es reforzar la belleza de tu jardín y ayudarte a que no plantes malezas. La cerca que construyes a tu alrededor es inútil en su intento de restringir las mismas cosas que plantas en el interior de tu campo. Porque ninguna angustia proviene de Dios, solamente aquella que labras bajos tus pies.

El fruto maduro del amor que yace ante ti, listo para ser recolectado, disfrutado y compartido, es tan hermoso como cualquier retoño florecido que pueda imaginarse en esta Tierra. Presencia el amor que has plantado y cosechado con éxito en los momentos de dulzura compartida con otro ser. No tardes en disfrutar de este fruto, precioso niño, pues tu tesoro crece en abundancia cuando cosechas sus frutos dadores de vida en tus pensamientos y en tus obras. No hay una fuente decreciente de este amor, y el tesoro es tuyo para que te deleites y lo compartas.

La maleza que es ahora el foco de tu atención ha sido sencillamente cultivada por medio de tu honestidad, niño bendito. Observa amorosamente todo lo que has plantado y no uses la fuerza para arrancar algo. Más bien, tómala con delicadeza en tus brazos y entréganos todo a tus ángeles quienes estamos listos para devolverle toda la belleza a tu jardín. ¡Entréganos toda la maleza, amado niño! Y se la llevaremos gustosos al Creador, Quien puede rectificar todo aquello que ha sido plantado por error. Él puede transformar milagrosamente las hojas yermas en tesoros de abundancia para que te los regresemos a tus brazos extendidos.

No retengas ninguna maleza guardada con ideas de anhelos secretos o de vergüenza albergada. ¡No hay maleza que desees para ti! No hay maleza que puedas confundir con hermosas flores, si compartes tus incertidumbres con Aquél que todo lo sabe. Deshazte de toda ella, y quédate tranquilo sabiendo que todo aquello que es real y que florece con gracia está eternamente a tu lado.

Ira

Cuando estás rojo de ira como la lava, si te dijéramos entonces que extingas tus verdaderos sentimientos y ocultes el mal que te han hecho, lo único que lograríamos sería que te descompusieras de la rabia. Pequeño, te sientes herido, y ¿quiénes somos nosotros para decirte que estás equivocado? En verdad, eres un hijo sagrado de Dios y jamás te equivocas. Sin embargo, puedes haberte confundido momentáneamente en la perspectiva que hayas asumido respecto a la verdad.

Déjanos explicarte: puede ser que hayas creído que otra persona te ha dejado de amar, o que creas en la desaprobación o en el desamor de alguien por ti. Esto, como sabes muy en tu interior, es imposible. No hay amor que pueda ser despojado a alguien que comparte todo lo sagrado del mundo. Cuando te sientes lleno de ira, solo estás discutiendo contigo. La lava fluye en tu interior sobre las rocas de tu conciencia, y el dolor y el sufrimiento te hacen hervir de ira ante el profundo dolor de que alguien te ha hecho tanto daño.

"¿Cómo es posible que no sepan el daño que me causan?" gritas en silencio en el abismo de tu pecho, llorando, deseando, anhelando una resolución a tu dolor. Quieres que los demás sepan la profundidad de tu pena. Quizá deseas incluso que la otra persona sienta por un momento tu dolor para que pueda comprender la profundidad de tu aflicción.

Te repetimos enfáticamente que esta batalla es contra ti y en tu propia mente. Querido hijo de Dios, ¿verdaderamente deseas vivir en un campo de batalla? Por supuesto que no, ningún ángel enviado aquí a la tierra ha deseado jamás tener conflicto alguno. Fuiste concebido para que vueles por encima de la ira y la veas como si fuera un río enfurecido, un flujo constante de energía por debajo de ti, no en tu interior.

Puedes crear un espacio en tu interior ahora mismo en donde reine la paz. Incluso si no estás listo para liberarse de tu ira, puedes acordar con facilidad la creación de una cavidad que te ofrece un espacio al lado de tu ira. Observa esa cavidad, como un espacio de aire bajo el agua, danzando a su propio ritmo de paz. Obsérvala llena de un dolor encantador, como una burbuja de aire nadando en círculos a su propia y festiva manera. Mientras te deleitas en esta alegría en tu interior, puedes visualizarte nadando dentro de esa burbuja en tu parque interior.

Siente cómo te diviertes ante la libertad de surcar tu propio espacio interior. Lánzate a una maravillosa aventura en donde las preocupaciones sobre tu seguridad se sienten en las sillas traseras dejando paso a la certeza absoluta de que estás a salvo eternamente. Siente lo bien que esta libertad luce ante ti, lo natural que es nadar en océanos de seguridad. Cuando te sumerges en esta conciencia de libertad, también eres libre de escoger otros pensamientos que floten alegremente a rienda suelta y con encanto.

Tu libertad proviene de ver que nadas por la vida rodeado de peces ángel en vez de tiburones. Estás nadando en círculos de semejantes, y estás rodeado de otros seres que son exactamente iguales a ti. Ten compasión por aquellos en tu círculo, sabiendo que ellos van por el camino inocentemente como tú.

Si uno, o más de ustedes, nada ocasionalmente interponiéndose en tu camino, ¿puedes perdonarlo y seguir nadando en libertad? ¿O te dejas sobrecoger e hipnotizar por su aparente falta de orden, y te quedas petrificado con la mirada fija en el pasado? Deseas flujo y armonía, y esto requiere absolutamente poner tu atención en el aquí y el ahora.

Estamos aquí para ayudarte a poner en orden divino y en armonía la danza de tu vida y de tus relaciones. Mira a tu alrededor con tus ojos internos ahora mismo, y comprenderás que tus ángeles nadamos contigo en perfecta armonía como un hermoso banco de peces. Estamos conectados divinamente por las ideas que orquestan nuestro movimiento sincronizado sin esfuerzo ni preocupación.

Fluye con nosotros incesantemente, y atraparemos tus ocasionales lapsos de memoria como tu verdadera identidad. Te rodearemos y te guiaremos en una danza continua de gloria hacia Dios y hacia toda la humanidad.

Juicio

Cuando vemos cómo te hieres con un juicio, deseamos remover las agudas astillas en tus manos que te causan agonía y dolor, amado nuestro. Nos gustaría que pudieras ver el cuadro eterno de ti juzgándote, como un niño con una vara afilada que se aguijonea y se punza y luego se pregunta de dónde provienen esas heridas. Las punzadas incesantes que te infliges a través de los ojos ajenos nos causan asombro al ver tu poder sagrado el cual, desaprovechado en el nombre de la protección, solamente causa que te hagas daño sin cesar.

Querido, ¡deja en el suelo tus varas afiladas! Te suplicamos que no te hagas más daño, pues tu inútil sufrimiento nos estremece y nos concierne. Ciertamente, nos interesa todo lo tuyo y no te juzgamos mientras juegas con juguetes afilados de tu propia fabricación. Deseamos tu felicidad eterna, y aunque atisbamos estos juicios en tu mente, esperamos que tus intenciones sean distintas a los resultados finales.

Vemos que tienes mucho cuidado en forjar las espadas que usas para tu protección. Quizá no sabes que los dos extremos de una espada afilada cortan la propia mano del que busca atravesar a su contrario. Pues no hay forma terrenal de asumir la propiedad de dicha espada y no herir a su propietario.

No asumas la propiedad de este premio terrenal, ¡amado hijo! Es indigno del hijo sagrado que eres en verdad. Eres digno solamente de aquello que es sagrado para ti, y esta santidad no necesita defensa. Aunque parezca que los demás actúan en formas irracionales, sabes que sus anhelos son espejos del tuyo propio. Pues ellos, al igual que tú, están buscando el hogar. Ese hogar celestial que ansía su corazón y por el cual se conduelen ahora mismo. Si ellos asumen que tú estás ahí, pueden cortar un atajo en tu corazón para intentar apropiarse exiguamente de él. Sin embargo, el propietario legítimo del hogar celestial es Aquél que vive en tu interior ahora. Él jamás ha dejado Su hogar, no puede herirte para que pienses que te ha dejado en tu profundo sueño celestial.

¡No alejes de ti a tus semejantes con tus juicios altivos! Ellos son amigos eternos que buscan unirse a ti en tu sendero hacia el cielo, aunque vemos que están tan confundidos como tú. Ten compasión de ese hijo de Dios que busca su propio camino al cielo. No lo cortes con tu espada, sino más bien aprieta con firmeza su mano mientras se unen en alianza sagrada sobre la tierra del amor consagrado.

Su creador les invoca a ambos para que regresen al hogar, y no tienen que esperar hasta mañana para atraer compromisos adicionales antes de su regreso. No hay nada que añadir ni que temer respecto al momento en que el contacto con el cielo esté a su alcance. Agárrense de él tomados de las manos y la luz resplandeciente del cielo les rodeará.

Estás realmente en el hogar, y cuando dejas que Su gracia y su resplandor disuelvan todas tus preocupaciones, encontrarás que tus juicios son alejados de tus manos como una suave brisa que causa que una hoja seca caiga. Deja de usar tu espada una vez que cae por tierra, hijo bendito. Camina sobre su fragilidad y siente cómo se agrieta bajo el peso de tu asociación con otro ser. ¡Tú eres aquél que provoca gratitud en el cielo cada vez que dejas que un juicio caiga por tierra sin palabras! ¡Alégrate con nosotros de estar aquí en el cielo mientras estás en la Tierra!

Luto

Un corazón destrozado de dolor que padece ante la pérdida de un ser amado: somos especialistas en velar por ellos y sanarlos. La oscuridad que aprisiona un alma afligida se aligera cuando impregnamos de vida eterna la conciencia del alma.

Pero, incluso el luto ocupa su lugar en el universo y honra su presencia al ser parte de tu escala emocional. Hay duelo entre todos los seres debido a los ciclos de vida, a su flujo normal. El lamento por lo que pudo haber sido y no fue. Una tristeza y ansiedad en el corazón, y el anhelo de regresar al hogar.

Hasta podemos escuchar a los desolados que desean regresar a su hogar sagrado y estar entre sus seres amados. Esto, te aseguramos, no es el designio de Dios cuando Su plan llama a una permanencia continua en la Tierra. Hay un momento en que el hogar te llamará de regreso, y de todas maneras tus seres amados están destinados a llegar en distintos momentos al tuyo. Pues, mientras caminas junto a ellos en el sendero terrenal, tus huellas también viajan y recorren el suelo a intervalos privados. ¿Ves que tus amados terrenales pueden llegar a su destino en un lapso de tiempo distinto al tuyo? ¿Y decides reconocer que tu jornada te toma un poco más de tiempo en la Tierra?

Te reunirás con tus seres en muchas maneras, amadísimo ser. Te lo aseguramos de corazón. Tu amor es eterno y crece ahora mismo. Porque el amor que se crea entre dos seres sagrados tiene una vida independiente en sí mismo. No hay amor desperdiciado en toda la vida, y eso que tú llamas "tu amor" es compartido con todo el universo siempre. Puedes estar agradecido por esto porque tu propia creación de amor dual es pluralizada, capturada y restablecida luego en forma. El dulce núcleo del amor en el centro del amor humano es extraído y usado como una fuente natural de bondad terrenal.

No pienses, entonces, que tu amor fue en vano cuando abrazas con ternura tu corazón destrozado. Solamente hay un significado tras el amor que ustedes dos compartieron, y Dios te agradece por tu radiante contribución a Su reino celestial. Y mientras tu amor sigue creando, Él ilumina tu vida con Sus amorosos rayos. Nunca creas que el dolor que has soportado es una "prueba" de ningún tipo, amado niño, más bien observa esto como un momento justo para tomar la decisión de seguir amando en esta encarnación y en la siguiente.

Porque no se trata de que el "precio" del amor es el dolor. Sino que es un momento de profunda consideración sobre el significado del amor lo cual, para algunas personas, significa apartarse ligeramente del centro del amor. Este alejamiento del amor, como si fuera un barril de dinamita que hubiera explotado, es la razón del dolor en tu interior.

Regocíjate más bien en los momentos de alegría que rodean tu sagrada participación en la vida de la otra persona. Los vivos y los muertos pueden deleitarse juntos centrándose de nuevo en el amor. Honra tus emociones, debes hacerlo. Y entréganos tus cargas hoy. Luego de que te comprometas con esta verdad y esta ayuda, considera el gran gozo de tu relación amorosa y ¡comprende que jamás puede dejar de existir!

Miedo

Te amamos, querido niño, y te enviamos rayos consoladores al instante en que sentimos que te estremeces ante un posible conflicto. Las señales que emanan tu miedo son como un silbato que invoca a tus ángeles para que acudamos a tu lado. Nunca estás solo durante tus horas de temor.

Parece haber algo en tu interior que disfruta del miedo. ¿Te sorprende? No obstante, una parte de ti sabe que esto es cierto. La práctica del miedo en tu sociedad nos deja perplejos, pero debemos tratar este tema en este momento porque es un buen punto de comienzo en nuestro mensaje.

Cuando gritas de miedo, ¿de dónde proviene la profunda emoción que surge? ¿No parece como un bramido de lo más profundo de tu ser? Este grito es un escape de una energía que has llevado por mucho tiempo; es lo que llamarías "catarsis" en tus propios términos. La evocación del miedo en asuntos o temas destinados a la diversión, como por ejemplo películas, libros y conversación, no es más que el mismo movimiento de sacar a flote un vapor encerrado. El sentimiento agradable que acompaña a algunos después, es esta liberación y descarga del corazón.

Te decimos esto porque deseamos que sepas que tu mundo gira ahora mucho más rápido en su escala evolutiva. Muy pronto, habrá momentos en que podrías sentirte abrumado por la velocidad vertiginosa de los cambios en tu vida. Tus ángeles deseamos asegurarte, sin embargo, que nada se mueve a una velocidad mayor que los latidos del corazón del amor. Tu amor y el amor de Dios están perfectamente sincronizados en un hermoso ritmo, ahora y siempre.

Este ritmo de amor eterno es, de hecho, el ancla que te salvará de temores adicionales durante los tiempos por venir.

Al igual que las palpitaciones del corazón de una madre que calma y acuna a su bebé, tu esencia ya contiene el antídoto al miedo. Usa este momento ahora para tu preparación, ajustando tu mente y tu cuerpo al ritmo en suaves periodos de práctica que puedes usar e invocar durante los periodos futuros.

Entonces, lo que les pedimos es lo siguiente, amados niños: avancen sin temor, sin desembarazarse de él usando los medios catárticos del entretenimiento. Más bien, usen este momento para residir pacíficamente en el territorio desconocido de *las maravillas que yacen en su interior*. No teman ver, escuchar o sentir una esencia que sea incómoda, simplemente sentándose solos con su ser. Permítannos intervenir compartiendo sus miedos con sus ángeles. *¡Entréguennos sus miedos!*

Estas sesiones de práctica son remedios esenciales para los tiempos venideros. Acostúmbrense ahora a lidiar con los pensamientos de temor a través de estas prácticas tempranas, y estas lecciones les servirán mucho en el futuro. Lo que pedimos para ustedes, en nuestra intervención angélica, es que supervisen sus pensamientos con mucho más cuidado de lo que han hecho en el pasado. Como jardinero decidido siempre listo a arrancar la maleza al momento en que brota, les rogamos que así también atiendan su mente.

Acostúmbrate a purgar tu mente de ideas que broten cuando contemples pensamientos de soledad en esta tierra. Y di: "No estoy solo, ni ahora ni nunca" mientras te visualizas enviando la idea o el temor a nuestras manos extendidas hacia ti. Rehúsa contemplarte como un ser amedrentado, solo y rodeado de miedo. Porque cuando las cosas empiecen a cambiar en tu vida, sabrás que tu conexión fundamental con Dios y con los ángeles es constante e inmóvil.

El miedo puede ser usado de muchas maneras, querido ser. ¡Úsalo con sabiduría y con gracia! Invoca a tus amigos, los ángeles celestiales, y nosotros barreremos todas las imágenes de temor de tu mente. No te quedes con un ápice de horror pensando que deseas soluciones de tu propia imaginación. ¡Entrégalo todo!

Existe una solución al miedo y es ésta: invoca las creaciones celestiales de Dios en tu ayuda y asistencia, tan pronto como percibas tu dolor interior. Una buena ama de casa que percibe olor a humo, no se espera a que su casa quede devorada por las llamas antes de llamar a los bomberos. En ese punto, tal llamada sería casi inútil. No esperes hasta que estés abrumado por un miedo monumental para invocar el nombre de Dios.

En ese momento y siempre, Él te enviará ayuda y consuelo a tu lado. Pero aun así, podrías no sentir Sus amorosos brazos durante varios minutos, pues pones una barrera entre muchas capas de miedo y el cielo. Aún más inteligente es aquél que aprende a supervisar su propio bienestar y no duda en invocar una creación celestial de cualquier forma en busca de ayuda y consuelo.

Aprende bien esta lección, entonces, dulce niño, y recuerda siempre cuidar tu ser interior pidiendo ayuda cada vez que la necesites. De esta manera, el flujo y reflujo de tu miedo no será tan brusco, sino más bien será como una variante ligera que no llegará a erosionar tu paz mental.

Muerte

Dejar este plano terrenal es una de las lecciones de vida más tempranas. Ustedes lo hacen con tanta frecuencia que uno creería que ya han aprendido a ajustarse a ello. Aparentemente, olvidan una de las lecciones iniciales para poder encontrar luego otras. Está bien, porque esta es la ley divina. Algunos recuerdan haber dejado el plano terrenal en los primeros años, permitiendo que el resto se actualice acerca de lo que es después de esta vida.

Una cosa es segura: no necesitarán este cuerpo en el plano después de la vida. Los ayudamos a ajustarse a un cuerpo nuevo y recién hecho que se adapte mejor a su piel que cualquier cuerpo terrenal. Inyectamos humor para que vean esta transición llamada "muerte" bajo una nueva luz. No tienen que temer este cambio, queridos. Les va a llegar. Es inevitable. Y podemos ayudarlos a prepararse para esta transición de manera que su vida terrenal no interfiera con ella.

Vemos a las personas en la Tierra contemplando la vida después de la vida. Les deseamos lo mejor, y los vemos como buscadores de la verdad y de la luz. Pero, les advertimos que regresen al enfoque más primario, más inocente y más infantil del plano terrenal.

No se preocupen tanto por "¿qué habrá después de esta vida?" Les diremos todo lo que tienen que saber, pero no tanto como para que se arruine su vida aquí en la Tierra. Sería cruel hablarle a una persona muriendo de hambre de todas las delicias que lo esperan algún día cuando vaya a un restaurante. El resto de sus días antes de llegar al restaurante se arruinaría anticipando lo que le espera.

Les pedimos que hagan lo mismo y se enfoquen por ahora en lo que tienen aquí. Hay mucho por reunir y compartir aquí en el plano terrenal, queridos hijos. No permitan que la sorpresa de lo que les espera sea nada más que un vistazo de su centro. No recarguen su mente con pensamientos sobre el cielo, pues tienen acceso a él durante su tiempo en la Tierra. La vida se encarga de sí misma, si la dejan.

Las cosas no serán mucho mejores para ti en el más allá si desperdicias tu vida pensando en tu futuro en el cielo. Puedes estar seguro de eso. Solamente piensa en la alegría que sentirás revisando tu vida valorada en oro sólido, dedicada al servicio de tus semejantes aquí en la Tierra. Luego, compáralo con una vida gastada en contemplaciones futuras y sin entrega.

Querido, ¡hay gran alegría en el dar! No nos creas, solamente inténtalo y lo verás por ti mismo. Esta es la esencia, el flujo sanguíneo de la vida. El deseo de servir se muestra bajo muchas máscaras, y una de ellas es la obsesión con la vida y el cielo. Piensas que te conviertes en un ángel cuando llegas allí, pero la verdad es que ahora mismo estás siendo llamado para desempeñar actos celestiales mientras estás aquí entre tus semejantes. Puedes hacerlo. Puedes dar mucho, incluso si piensas que tienes muy poco para dar.

Amado, ¿cómo podemos convencerte de la perfección del plan de Dios? No tienes que creernos, pero tenemos que empujarte un poco para conducirte por la dirección correcta. Ofrece ayuda de cualquier manera que sea cómoda para ti, y temerás un poco menos la muerte. Luego, da un poco cada día, y verás cómo se disolverán y desvanecerán todos tus temores respecto a la muerte.

Niños

Los preciosos pequeños son regalos para ustedes, para los extraños, para los parientes y para todos. Deseamos unirlos por medio de la risa de los niños y te rogamos a ti, que buscas la paz interior, que escuches a los niños, pues te llevarán al hogar de forma celestial. Te sientes reanimado ante sus risas y su alegría, no debes ver entonces los juegos infantiles como una molestia que interrumpe los deberes importantes del día.

En efecto, su risa es un alivio a la rigidez que amenaza con estrangular tu cuerpo y tu mente. Te sientes cada vez más tenso en los días en que pretendes que te gusta lo que aborreces, y tu respiración se vuelve superficial y arrítmica. ¡No ignores lo que esta falta de oxígeno causa en tus células, precioso niño! Te rogamos que te relajes de tu rigidez y aprendas a actuar como los niños, lo cual te llevará a la dirección en donde la fuerza de tu respiración podrá fluir con mayor equilibrio proporcionándote alivio y armonía.

Hay conceptos universales que promueven la falta de armonía y que son contagiosos. Los niños no conocen estos factores pues sus mentes todavía están frescas de su hogar celestial. Permite que sus actitudes asuman tu conciencia durante un momento, y siente el fresco trayecto que te lleva al hogar. Su curiosidad natural puede llevarte a examinar de cerca una oruga. Advierte como sus patas peludas saltan despreocupadamente sobre la arcilla, y la suave manera en que se encoge y se arrastra.

Precioso ser, no pierdas esta habilidad de contemplar fijamente la naturaleza. Te rogamos que incrementes la percepción que tienes de las maravillas naturales que te rodean. Es este el mensaje sanador que nos envía con urgencia el Creador a través de los niños. Ellos te lanzan recordatorios a diario y, sin embargo, ¿con qué frecuencia los ves como señales que te perturban? No eludas la inocencia de los niños como si fuera algo sin valor, pues ellos son nuestros más útiles maestros en la tierra.

¿Entiendes lo que tratamos de explicarte? Es totalmente opuesto al orden que tú colocas en las personas. Existe mucho valor en el orden de maestros en el mundo el cual, de hecho, está invertido. Es cierto que existen maestros de muchos tipos. Pero los maestros más grandes de todos son los que están recién llegados del cielo y ellos traen consigo la canción victoriosa de la gracia y el asombro. Se maravillan ante lo más simple, un valor que puedes aprender por ti mismo.

Considera a los niños como testigos seguros de la maravilla y la gracia de Dios, amado nuestro, y no cometerás errores mientras rondas y escalas la senda de la grandeza durante tu vida en esta tierra. Sus alas pueden estar replegadas ante tus ojos. Pero tienes nuestra palabra de que los pequeños son ángeles poderosos enviados a ayudar a tu planeta emergente. Ellos aportan dones valiosos, si solo te tomas el tiempo de conversar con un niño y ver todo de una nueva manera por medio de tu mente abierta.

¿Nos preguntas si los niños deberían intervenir en la política y en las reglas que tienen en este maravilloso planeta? Ciertamente vemos cabida a dicha intervención, pero con consideraciones prácticas combinadas con su sabiduría noble e inocente. Es una idea excelente consultar a un niño antes de promulgar una nueva ley, y preguntarle a los niños su punto de vista sobre temas de gran importancia.

Escucharás en cada aliento de un niño, su noble amor que indica la abundante profundidad de su sabiduría. Permite que el dulce poder del niño aleje toda disonancia. Recuerda que ellos están recién llegados del Creador y todavía no se ha permitido que olviden Sus lecciones, como muchos de ustedes que ya llevan un tiempo aquí sí lo han hecho.

Recárgate del pozo de Su fuente a través de la gracia de Sus ángeles celestiales a quienes ustedes llaman "niños". Dios está siempre con ustedes, pues nosotros colocamos Su poderosa espada de la sabiduría en sus corazones mientras les pedimos que entren en acción en beneficio de todos los niños del mundo. La batalla no ocurre en tu casa, sino en tu corazón. Entrégasela a Dios, y encontrarás la victoria en todas partes en donde Él esté. Y Él está aquí ahora mismo, querido. Está en tu corazón y en tu hogar. Confía en el Amor, y jamás serás separado por ningún bando, precioso y santo hijo de Dios. Eres amado. Recuerda eso siempre.

Oportunidad

Querido, no coloques una estaca sobre la tierra y la llames "mía." Este ser que tú llamas "Tierra" es tierno y cariñoso, pero aún así no está dispuesto a rendirse a tu voluntad. Tu carácter sagrado no busca dominar sobre la Tierra, sino más bien desplazarse con dulzura entre tus hermanos y hermanas.

Eres un creador sagrado como tu Hacedor, y estamos pendientes de nuestras oportunidades para llamarte a casa. Mantente en calma y danos la oportunidad de entrar en tu corazón. Pues eres tú quien abre la puerta de tu corazón, y somos nosotros quienes respondemos a tu llamado de asistencia divina. Venimos a ti en la noche cuando tú podrías pensar que no somos necesarios. Sin embargo, cuando descansas en un sueño profundo, es cuando tu corazón está en verdad más despierto.

Entramos en tus sueños en los momentos más extraños para entregarte nuestros mensajes de alegría y sustento. Pues debes saber, querido y precioso hijo de Dios, que tu origen es nuestra oportunidad de servir a Dios en todas las formas. Nosotros simplemente te guiamos en sutiles direcciones para encontrar Su mano y así pueda Él guiarte hacia la seguridad eterna y la entrega gloriosa.

No pienses que tus oportunidades yacen simplemente en el cielo o en la tierra, pues, ¿cuál es línea divisoria entre los dos? ¿no se funde el cielo con la tierra y la tierra con el cielo? ¿por qué, entonces, tener que escoger entre los dos? La distinción entre el cielo y la tierra es artificial, y tú que has sido llamado a trabajar en la escala divina, siente la verdad de esta declaración en tu ser.

Camina en confianza, ángel terrenal, y comprende que estamos contigo y delante de ti, ayudándote a reconocer las puertas que abrimos para ti aquí en la tierra. Te hacemos señales frente a tu aliento o capturamos tu atención de alguna forma sutil. No temas que puedas no ver nuestras señales, amado, pues planificamos juntos estos caminos durante tus sueños nocturnos. Apenas comienza la diversión ahora que caminas entre nosotros con participación consciente y deliberada.

Nuestra intención es que te conviertas en uno entre nosotros, y tu Creador celestial te pide simplemente que te deleites en la alegría de ser Su hijo bendito. Eres guiado de una forma tan dulce y suave que nadie te llama a cruzar la barrera de tu propia voluntad. "La tierra en el cielo" es una descripción perfecta de la vida que has sido llamado a vivir.

Vemos la dulce esencia de tu ser, aunque tú no la veas. Deseamos que las oportunidades perfectas se derramen sobre ti como dones de Dios para el mundo, y trabajamos como un equipo inteligente en armonía sincronizada: tú y nosotros. Estás aquí para capitalizar todo lo que en verdad eres.

No busques vanagloriar tu propio nombre, sino más bien brillar desde la gloria del Hacedor quien es uno contigo. Irradia tu luz hacia afuera desde muchas colinas, querido niño, y llueve amor alegremente sobre aquellos que intentan capturar tu corazón. Pues eres uno entre nosotros, y eres un instrumento de Su paz eterna y perdurable.

Oración

Cuando te sientas en reposo, agradeciendo al Hacedor por todos tus dones, estamos muy cerca de ti. Surcamos el interior del corazón con rayos de luz en aquellos que comparten la risa y la alegría de la vida con nosotros. Respiramos contigo mientras atraes sustento durante la calmada contemplación de tu oración. Siéntate en calma, amado, y bebe del silencioso nutriente por el cual sientes hambre y sed. No tienes que esperar otra ocasión para agasajarte con este banquete eterno que te espera con paciencia, pues está eternamente aquí ante ti ahora mismo.

Cuando meditas en silencio sobre las cosas que deseas, Dios escucha y responde. Él no espera el tiempo de nadie más que el Suyo propio, pues esa es la ley que penetra el vasto universo. El pulso de la poderosa energía divina es tranquilo, y aun así distribuye la pura esencia de todas las cosas en el lugar correcto en el momento justo. Confía en el tiempo de Dios, amado, y no te restringas colocando marcas de tu propio tiempo en las prescripciones de tu propia autoría que le entregas a Él para curar tu dolor.

Dios sabe lo que necesitas antes de que se lo pidas, y no tienes que pedirle esas cosas en una oración formal. Tu tiempo de oración, ten la certeza, es para tu propio beneficio y no para el de Dios. Cuando descansas en gratitud y respeto ante Su maravilloso e inmenso poder, descansas en ese mismo poder en tu mente y en tu conciencia. Coloca tu mente con sinceridad en el centro de Su corazón, y siente el pulso de la energía flotando con la tuya, sanando tus ideas al ritmo eterno y universal de su origen.

Cuando estás en sintonía con la energía del Creador, tus ritmos al compás con toda la naturaleza y la humanidad, se ponen en su lugar. Tu tiempo llega perfectamente en nuestras alas de ángeles, para entregarte el momento que te ofrece las oportunidades más grandes para tu crecimiento espiritual. Emprende estas obras sin temor, querido, y esquiva el fango si debes, para ser colocado en el lugar en donde Dios desea que estés. Ora por sabiduría en tu propio ser para que te guíe a salvo, a lugares aun más remotos en donde puedas desempeñarte a Su servicio.

Pues tú eres un instrumento escogido para el trabajo de sanación de Dios aquí en la Tierra. Fuiste diseñado para ser un creador valiente como Él. Para realizar Su trabajo, debes primero conocer Su semejanza contigo. La oración te ofrece oportunidades de ver tu propia magnificencia en el espejo, y decir: "¡Soy Él quien es yo!" "¡Él y yo somos Uno!"

Paciencia

Las estaciones del tiempo son inherentes y nacen de esta tierra. En el cielo no existe el tiempo, pues somos inmortales, y no hay evidencia nuestra según el paso del tiempo ni las hojas del calendario. No estamos cautivos de la prisión por la cual tú mides tus logros y, sin embargo, sentimos simpatía pura por las presiones acordadas a aquellos que viven de acuerdo a ese tipo de rituales.

No te pedimos que repudies tu reloj. Pero sí te pedimos una mayor comprensión de los anhelos que yacen en tu corazón, y que te impulsan más y más a apremiarte y a apurarte según tu propia voluntad y discreción. Vemos la necesidad de una infusión de paciencia en estos momentos. Vemos una gran ansiedad por el cambio que anhelas, y el cual puedes ver en tu horizonte.

No te nos adelantes en este momento, pues debemos enunciar cuidadosamente ante ti la descripción de nuestra visión de la paciencia. Siéntate tranquilo y respira. Siéntate tranquilo y respira. Así es, ahora podemos hablar de nuevo contigo. Siente cómo entramos en tu mente con nuestras palabras y te pedimos, o mejor dicho, te *imploramos*, una vez más, que desaceleres tu ritmo frenético y apremiante.

Tus ángeles estamos tratando de hacer todo lo que está a nuestro alcance, para contener la ansiedad explosiva que vemos remontándose sobre la Tierra, pero podemos hacer mucho más con tu ayuda y tu permiso. ¿Podrías, por favor, contener el júbilo tan explosivo que sientes cuando emprendes una jornada relacionada con el dinero? Cuando tratas de conquistar o destruir, eso es todo lo que podemos hacer para contener la energía que se filtra en el rastro que vamos dejando detrás de ti.

Te imploramos que descanses más cuando te sientas atrapado durante el día por el incesante deseo de bienes materiales. Este asunto es un punto en particular del cual nos gustaría hablar un poco más. Pues el tiempo no existe aquí y, sin embargo, en tu tiempo terrenal, hay momentos que son capturados por los anhelos eternos de gracias materiales. Nos referimos a la gracia que buscas en el cielo capturada en algo que podrías comprar en la Tierra. La enseñanza que compartimos contigo ahora, es que ese anhelo es enriquecido con preclaras recompensas cuando lo compartes con Dios, pues sólo Él puede satisfacerlo.

Mas cuando estás cautivo y esclavizado por el hombre material que se convierte en parte tuya, al ir en búsqueda de formas plásticas de gracia, Sus rayos son desviados debido a tu flujo exterior de movimiento y exuberancia de ídolos. La impaciencia que sientes, ese tiempo que marca las horas sin control prescindiendo de ti, como una embarcación que parte hacia el océano mientras te quedas en la orilla despidiéndote de ella, está privándote sutilmente de la victoria más grande que los seres humanos pueden conocer. Pues en el interior del corazón humano, otro cronómetro marca el tiempo con la mayor medida de amor jamás vista sobre estas tierras sagradas. Envía esta luz hacia el suelo y observa cómo las flores renacen de la nada.

Dios comparte Su santidad con todo aquél que toca, e incluso ahora Él está extendiendo Sus pensamientos para rodear los tuyos. No existe un pensamiento acerca del mañana que te pueda enriquecer de la misma forma que el anciano pensamiento de tu Hacedor cuando te lleva al hogar. Tu riqueza llega en el momento justo en que estás listo, y no un instante antes. Cuando proyectas tus necesidades hacia Él y sientes cómo Él te levanta, se acaba el tiempo y tu paciencia queda por siempre aplacada en Su brazos.

Caminan en este minuto sobre tierras sagradas, pero muchos de ustedes no se dan cuenta en dónde viven. No esperes hasta mañana, soñando que ése será el día de tu salvación. Tus ansias eternas están siendo satisfechas en este instante, amado, mientras tus ángeles proyectamos nuestras alas en un abrazo gentil y expansivo de alegría sobre esta bendición que llamamos hogar.

Pánico escénico

Cuando te paras al frente de los demás, es natural que estés nervioso e incluso temeroso. Temes lo que los demás puedan pensar o decir de ti, y temes que lo que hagas no esté en alineación con tu intención. Permítenos asegurarte que en tales momentos, especialmente cuando has sido llamado a desempeñarte de tal forma que guías a los demás a una frecuencia más elevada, o a desarrollar en su interior alguna respuesta a sus temores, estamos bastante cerca de ti.

Aquellos de ustedes que se desempeñan en funciones elevadas que involucran las artes, la enseñanza o la conducción de visualizaciones guiadas, permítannos considerar aquello que se encuentra tras la ansiedad de su desempeño: están considerando solamente lo que está en juego para ustedes. Están preocupados por lo que los demás dirán de ustedes, cuando son ustedes los que piensan sobre ustedes. Si consideraran lo que está en juego para los demás, lo que en verdad pueden ofreceles, decirles o hacer por ellos para sanar sus temores, les aseguramos que su actuación será una función de sanación de la divinidad en su interior.

Alejas tus miedos cuando sabes que estás aquí para realizar una función elevada, y otra forma de sanar tus miedos es sentir la intención de la audiencia que se encuentra ante ti. Ya sea que estés con ellos en la misma sala o lejos en tiempo y en espacio, puedes vibrar tus frecuencias internas para corresponder las tuyas con las personas que están aquí para ser testigos de tu actuación. De esta manera, asimilas sus necesidades en tu interior, para ajustarte con su frecuencia y poder satisfacer de forma automática sus necesidades a través de tus palabras y de tus obras.

Lo que estamos tratando de decirte es esto: nunca debes sentirte nervioso. Confía en tu ser superior para llevarles a ellos la interpretación correcta en el momento correcto. La palabra *interpretación,* quizá conjura imágenes de poca autenticidad y esto es correcto. Si sientes ansias, se corta tu fuente de veracidad y pasión en la entrega de tu mensaje. Pero si estás en sintonía con tu ser interior, te saldrán a flote tus creencias más profundas a cualquier nivel que lo requiera tu interpretación, tanto en arte, fotografía, oratoria como en torneos deportivos. Inspiras a los demás con tus obras, así que está bien que tengas éxito, querido.

Somos un equipo ganador. Juntos lograremos hacer las cosas bien. Cuando te sientas nervioso o con miedo, mira hacia un lado y recuerda que estamos contigo. Nos llevamos tu dolor y lo reemplazamos con risas en el momento que recuerdas nuestra presencia. Si nos lo pides, te llevaremos de la mano al principio. Estabilizaremos tu energía para que dejes de temblar y te guiaremos en tu obra para enviar tu mayor energía sanadora a todos los que te ven y te escuchan. Por favor recuerda que nunca estás solo, amado nuestro.

Perdón

Cuando una mariposa vuela en libertad es una visión hermosa de contemplar. Cuando un niño corre, riendo a través de un campo sosteniendo una vistosa cometa, el cielo está cerca. Estas visiones de gran belleza en tu Tierra son pequeños ejemplos de libertad y gracia que emergen sin fronteras más allá de tu imaginación, amado nuestro.

Para todo aquél que nos oye, por favor, escucha nuestras palabras. Incluso ahora que nos lees, si respiras profundamente y nos permites entrar en tu corazón, comprenderás lo que queremos decir con mayor claridad. Así es, está bien, sigue respirando y sintiendo. Sintiendo amor, amor y más amor en tu pecho. Y confía en que te cuidamos muy bien mientras estas palabras danzan en esta página.

Amados, no son nuestras palabras las que alejan tu dolor, sino la emoción del amor. Comprende que el amor es un antiguo impulso eléctrico que viaja a través de los circuitos de tu ser. Viaja libremente y cuenta su historia de luz y alegría. Limpia a su paso todos los errores residuales a lo largo de estos circuitos y, sin embargo, a menudo haces un cortocircuito a este noble mensajero por razones todavía desconocidas para muchos de ustedes.

Permítenos expandir el tema, para que puedas considerar el "perdón" desde nuestro punto de vista. Quizá entonces comprenderás nuestro mensaje en un nivel más profundo que antes. Dices que perdonas, y sin embargo permanece en tus circuitos una muesca de ira. Es visible y palpable aun a simple vista para aquél que desea ver el paisaje del amor.

Incluso ahora, puedes cerrar tus ojos y con una corta inhalación y oración, observa el paisaje de tus circuitos internos. ¿Puedes ver hacia dónde te conduce el amor con su sentido mensaje? Estos circuitos son más reales de lo que jamás puedas haber imaginado, y están trabajando constantemente para alejar el dominio de los errores.

Un error no "es" nada más que una carencia de amor en la conciencia. Y esto es imposible, de modo que creemos que pronto te darás cuenta. Pues, ¿en dónde podría el amor no existir, excepto en tu imaginación? Y en donde reside tu conciencia, ahí estás tú también. Eres un pensamiento, un pensamiento grandioso y poderoso. Tu poderosa decisión de existir en la imaginación, en donde puede existir espacio sin amor, es como un niño que diseña un mundo superior al suyo en realidad. ¿Y es la fantasía superior a lo real? Repetimos, solamente tus decisiones contienen la respuesta a esta importante pregunta. Y la forma en que respondes determina la dirección que debes seguir.

Porque existe un temor a alejarse de la ilusión y regresar al mundo "real" del amor, la luz y la creación, entonces sigues escondiéndote eternamente bajo el aparente abrigo de tu imaginación. Sin embargo, si lograras imaginar un escondite mejor que ése, ¿saldrías de él a ver si es cierto? El mundo resplandeciente existe eternamente al lado de tu mundo imaginario de miedo y peligro esperándote pacientemente. Tu invitación se mantiene tallada y reluciente, cincelada con el amor que te llama para que acudas a él.

¡Todo lo que siempre has deseado está aquí, amado niño! Es un lugar desde dentro y desde fuera, simultáneo en todas las dimensiones. Y te llevaremos a esta realidad, si lo deseas y nos muestras siquiera el más ligero interés en establecer una nueva residencia para ti.

Sabemos que hay algo que nos dices: debes protegerte morando en un refugio. Pero, ¿qué puede en verdad ponerte en riesgo a ti que eres eterno? ¿Aceptas que solamente existe un posible "peligro" para ti, y es endurecer tu corazón alejándote así de la luz resplandeciente del amor? E incluso ese supuesto peligro no produce ampollas en la piel ni perfora nuevas heridas. Simplemente, la amnesia que permite una sensación de dolor en este mundo, ¡te engatusa con imágenes de protección que no necesitas!

No te impongas armaduras, ni te armes para la batalla, querido hijo sagrado. Más bien, ríndete a la verdad y siente alivio al despojarte de accesorios rígidos y metálicos que te enceguecen.

Tu poder es eterno y no debe ser erosionado por la mente ni por los hombres. Invoca este poder que reside en tu interior, ¡ahora mismo, hijo santo! Pide la purificación que limpia tu mente para que puedas inspirarte, lo cual nuevamente te acerca más y más a tu hogar perpetuo. El despertar de tu mente respecto al perdón te será dado; un paso sagrado a la vez.

Ahora, te despojarás de cargas que no necesitas. Tus pasos dejarán huellas bastante suaves cuando desnudes tu corazón para que todos podamos verlo. No hay peligro fuera de ti, y dejarás tus armas. Este mensaje de perdón es bastante antiguo y, sin embargo, puede ser muy bien aprendido en la actualidad.

Siempre pide ayuda, dulce niño, y descansa en la seguridad de que estamos cerca de ti. Si tienes un dilema, si te preguntas si el perdón podrá descorrer el cerrojo de la celda de una prisión, no pierdas tu tiempo ni dejes de dormir tratando de comprender. Más bien, aprovecha rápidamente nuestra oferta de ayuda. Une tus deseos en un esfuerzo sincero, y pídenos que retiremos la túnica de tu ira y tus temores.

Tus peticiones son siempre respondidas con rapidez y tu corazón abierto está presto a la purificación. No hay prisa; sin embargo, no existe un tiempo más allá del presente. Purifica entonces el espacio en tu mente e invócanos ahora, querido. Déjanos regocijarnos contigo mientras alejamos con alegría tus miedos. Déjanos liberar tu corazón y tu mente. Y mientras sigues la suave alegría de tu corazón aliviado, encontrarás que ya no te llaman la atención los momentos de escape. Porque ahora estás totalmente despierto e inmerso en el amor que compartimos contigo y con Dios, nuestro Creador.

Peso

Cuando te cierras a la conciencia de la inmensa luz en tu interior, nos movemos con gracia a tu alrededor. Te llamamos de regreso al hogar, pero eres sordo a nuestras súplicas. Te quedas petrificado ante tu dolor, y te estremeces ante la comprensión de que cada vez sientes más y más dolor mientras sigues viendo cómo se acerca. Como un animal cautivo congelado ante la proximidad de la gente, dudas y luego te escapas a una seguridad momentánea, mientras tu corazón palpita rápidamente ante el peligro percibido a tu alrededor. Te cubres y te escondes del bramido del tráfico, y todo parece mortal y caótico.

Sin embargo, aun así tus ángeles entonamos dulces cánticos en Su gloria para calmarte, pero es en vano, el estrépito del tráfico nos deja mudos. Mientras estás dormido a esta gloria monumental que te rodea, te carcomes en ansias silenciosas por este anhelo que no te abandona, este tormento que reclama tu paz y la partida de esa presión incesante que te persigue siempre, siempre.

Amado, buscas la gloria en los lugares equivocados y sólo encuentras oscuridad. ¿No ves acaso el brillante resplandor que oscurece todo dolor y pena, la luz que es inevitable para todos aquellos que son testigos de su gloria? No mires la oscuridad ni analices tu sufrimiento, pues esto solamente te causará más dolor. Y, el estruendo, ¡el propio estruendo del arrebato de ira que te provoca! hace que corroas tu propia alma con conductas tan crueles, que te alejas de ti mismo en pensamientos poco cariñosos enviando tu mirada hacia abajo en busca de soluciones.

La resolución a tus penas le pertenece a la luz, y no a la carne, y esto tú lo sabes en tu corazón, querido ser divino. Tu carne forma parte de la herida mortal que hace que te revuelques como si Dios no fuera parte de tu esencia. Tú eres Él, y Él es tú, ¡ten la certeza de esto! La necesidad que sientes en tu corazón de alimentarte de Su ser con tu mente y con tus dientes es solamente confusión en tu corazón, la cual busca la oscuridad en la luz y la luz en la oscuridad.

Deja a un lado tus herramientas vacuas, pues estos no son los instrumentos que te llevarán a Su gloria. Estas herramientas que usas para atormentar la carne son solamente tijeras sin filo que te traspasan con su tristeza y te dejan con una pesadez que pronto se convierte en tu cuerpo de peso, como un ancla que te clava a tierra. Tu hogar está en el cielo, tan alegre y ligero como un rayo de sol. No esperes el dolor, y no sientas temor de que Dios te atraiga dolor. No hay un instante en que puedas dejar a Dios, entonces, ¡saca de ti esos pensamientos que atraen sufrimiento constante!

Tu lengua busca más dolor con su apetito y su sed, pero el alma sólo desea probar su hogar en el cielo. Sacia esa hambre ahora, querido, y no cubras tu corazón con la carne de la tierra, la cual solamente te trae más dolor y pesadez. Mira hacia arriba con tu corazón y encontrarás el cielo esperándote con los brazos abiertos, para que veas toda tu bondad iluminando en perfecto brillo como el sol, el propio sol.

Eres el iluminado que se ha impuesto un ropaje de mortal. Sin embargo, ni siquiera el cuerpo obstruye tu comprensión de la compuerta al cielo en el cual realmente estás. Eleva tus brazos aliviado de que el sueño moral ha terminado, bendito ser, y siente Sus brazos anidándote con seguridad y paz. No tienes que seguir torturándote, pues ya encontraste por fin el consuelo del cual eres testigo aquí en la Tierra.

Elévate con tus hermanos y hermanas, y siente la liviandad de tu propio ser, mientras Él te envía los rayos una y otra vez. El peso de tu pena es levantado, y el peso que te captura en tu cuerpo es sanado. No sigas con hambre, pequeño, y jamás pienses que el Creador te ha dejado sufrir o tener sed.

Tus necesidades son satisfechas de manera inconmensurable por Su atención a tu gloria, en la cual Él se deleita encontrando formas ingeniosas para hacerlo. Tu encuentro sagrado con Él es el sustento que hace soportable la carne mortal, domando sus apetitos con moderación y tibieza. Ahora, el cuerpo te servirá también mientras extiendes tu tarde gloriosa de vida mortal.

Querido, trata bien a tu cuerpo. No lo uses como una barrera a la verdad mientras escuchas sus sincronismos y su hambre. Jamás confundas los deseos del cuerpo de Su gran amor con una ayuda exigua de tu propia fabricación. Si recuerdas que todo es un reflejo de Su gloria, servirás bien a tu cuerpo.

Tu gloria es bien servida cuando recuerdas siempre que, de hecho, has venido a este mundo con un propósito sagrado. Aquellos que le sirven el plato más copioso al Creador, encuentran que a veces sus cargas se sienten pesadas. No temas, Él te dará más de lo que te ha pedido que le sirvas. Porque Él te apoya siempre y en todas las formas, y lo está haciendo ahora mismo.

Coloca tu oído en la Tierra y escucha los rumores del mundo natural. Escucha Sus suaves "pisadas", mientras arrastra Sus pasos para satisfacer las necesidades de la tierra. No pienses jamás que podrías ser excluido de este orden natural de las cosas, pues, ¡eres muy amado! Sí, eres un ser divino de Su inagotable adoración. Él te adora en todo momento, y te pedimos que bebas de este amor. Su habilidad de saciar tu profunda sed es inconmensurable, y encontrarás que acalla tus ansias internas por esa paz que tanto buscas. Tu peso y tus sufrimientos en la Tierra, ya no serán parte de ti cuando bebes de esta paz. Pues, eres lo que buscas, y eso es Amor. Estás bien.

Preocupaciones

Hubo una época antes de que vinieras a la Tierra en que las preocupaciones no eran parte de tus pensamientos. Sentías alegría y emoción respecto a tu nueva experiencia, y sentías que tu corazón brillaba pues veías ante ti tu primera luz. Luego, despertaste en los brazos de tu madre, y contemplaste el rostro de la paz en carne mortal, y tuviste antojos de recordar lo que sabías antes de ese instante. La memoria se había desvanecido, incluso en el momento en que reconociste el rostro del terror en la radiante sonrisa de tu madre, la cual te indicaba que ya no estabas en el hogar.

Pobre pequeño, te vemos con dulzura mientras luchas por recuperar los momentos de calma de tu cielo inmortal y por reconciliar los dos mientras no estás en el hogar. Camina con gentileza, amadísimo hijo. Tu gracia nos deleita, y tratamos de aliviar tu dolor con la seguridad de que jamás ha existido una mejor época para tu sabiduría sobre la Tierra que el presente. Grandes rumores les esperan a aquellos que se reúnen con nosotros en su mente, y tu manifestación es la emocionante aventura que a todos nos espera.

Tu gracia jamás ha sido más sagrada que en este preciso momento, y te pedimos que te aferres a la creencia de que Él te espera, en el momento en que mantengas su poderoso amor en tus pensamientos. Tus cuitas y preocupaciones son semejantes a hojas secas volando en un vendaval, las cuales se estrujan ante el rostro de algo que es más fuerte que su frágil textura. Lanza tus cuitas y tus preocupaciones al viento, siente Su suave brisa acariciarte con la tranquilidad de que la curvatura del viento tras una esquina o una pared, es semejante a la forma en que Su mente envuelve cada problema, y llega a cada hendidura de una preocupación.

¡Despierta de tu pesadilla de terror, amado, y regresa a la luz del sol de la calidez eterna con nosotros! La esencia de todas las preocupaciones se derrite ante las dulces ondas de amor, que irradian hacia todas partes y para todos. El suave latido del corazón humano, el cual se aterroriza ante las ideas de peligro y de carencias, late alegremente ante el recuerdo de su canción temprana de efusiva armonía que se bambolea y baila.

Deja que el rugido de tu mente se calme y se convierta en un susurro, para que podamos intervenir en tu beneficio y contar la dulce historia de tu origen. Permítenos recordarte la verdad inmortal de tu ser, para que no vuelvas a sentir hambre, ni vuelvas a luchar con el dolor. Pues, tu dolor es solamente un gigante poderoso en tu imaginación, y cuando te alejas de su presencia, ves cómo se disuelve en un pozo de memorias mientras tratas de intercambiar una imagen de dolor con una celestial. No te alejes de tus recuerdos de aprecio en tu mente, más bien, ¡mantenlos siempre cerca de tu corazón!

Piensa con cariño en nosotros que estamos siempre a tu lado. Invócanos cuando necesites que te ayudemos a permanecer firme, en esta sabiduría segura y constante de verdad y amor. Jamás temas que te dejaremos, pues no es posible, aunque quisiéramos hacerlo. Somos fortalezas seguras y constantes, y aplaudimos tu esfuerzo para recordarte tu hogar.

Deja que el espejo de tu mente refleje todos los recuerdos del cielo, y atrae paz a tus penas para disolver las preocupaciones en la Tierra. Sana la tristeza que ves en los pensamientos que son espejo, y contempla la deslumbrante y resplandeciente luz situada justo tras él. Mueve el asa de tu mente para que refleje directamente el brillo, y observa cómo su deslumbrante luz opaca todo lo demás. Pues, cuando el espejo contempla directamente el brillo, no hay forma de que el dolor se interponga en su camino. La asombrosa sencillez de este movimiento lógico está en tus manos, en todo instante. Siente la divertida y alegre respuesta de gozo que ilumina desde la luz que está en todos nosotros. Agradecemos tu apertura a esta sanación, y te amamos; los amamos a todos.

Profesión

Creemos que aquí la palabra esencial es *inspiración*, porque puedes recibir inspiración sobre el tipo de profesión que puede brindarte alegría. Decimos "alegría" porque de eso es que se trata una profesión. Eres un rayo de sol enviado a besar el rocío de la mañana de la tierra. Imagínate la alegría que siente un rayo de sol cuando irradia hacia fuera una extensión del brillo eterno de Dios. Ahora verás por qué mencionamos la alegría desde el comienzo del tema de la profesión.

Muchos de ustedes han decidido que están contra la pared en sus profesiones y que están siendo "atascados" por fuerzas externas que gobiernan sus decisiones. Queridos niños, ¡no puede haber algo más apartado de la verdad! Nos encantaría que pudieran ver desde nuestra perspectiva, desde donde vemos preciosos niños renunciando a su libertad perfecta. Es trágico en verdad ver a tantos de ustedes atrapados en empleos que sofocan la esencia pura de su alegría.

Amados, no tienen que estar donde no son bienvenidos. Libérense primero en la mente de un empleo que no es para ustedes, y observen cómo su cuerpo se libera a la vez. Mantengan esta frase en sus corazones, especialmente en el momento de ir a dormir en las noches: "No tengo nada que temer. Decido mantener la alegría en mi mente mientras pienso en mi profesión." Amados, hagan esto y sentirán un salto y un cambio en su conciencia.

Ahora, deseamos hablar de su disposición para buscar la profesión de tu agrado. Muchos de ustedes sueñan con ese día en el *futuro*, en donde se alistarán y se prepararán para escoger conscientemente la profesión que desean. Te pedimos que te mantengas enraizado en el día que estás viviendo ahora mientras piensas en tu profesión. De esta manera, atraes el amanecer de ese día a tu ahora, en vez de hacerlo al día siguiente.

¿Entiendes lo que te pedimos? Lo que te estamos diciendo es que permanezcas en el momento con tus deseos, mientras contemplas tu siguiente movimiento, repite para ti mismo que éste es el momento en el cual está ocurriendo el cambio. No al momento siguiente, no nunca. Sino, *ahora*. Felicítate por permanecer en la cima de esta verdad, porque para los mortales es muy difícil verla. Pero, te pedimos que aprendas por ti mismo y luego le enseñes a los demás, porque debemos transmitir esto a otras personas.

Demasiados de ustedes ven sus empleos a través de los ojos de un niño que dice: "Cuando sea grande, seré esto o lo otro." La mayoría de los adultos nunca dejan de pensar de esta manera, sino que continúan así hasta que son bastante mayores, siguen viendo sus profesiones desde un enfoque futurista.

Hoy es el día, ¡y éste es el momento! Nunca ha habido un mejor día para que te arraigues en ideas sobre tu profesión apropiada. ¿Y cuál es esta profesión? Pues bien, hemos dejado a un lado hasta ahora esta parte importante, porque es en este momento, después de tomar la decisión consciente del ahora, que llegaremos a la siguiente parte del cómo.

Por supuesto que tú sabes, o tratas de saber, que tu profesión es la esencia de tu ser generoso. Cuando te extiendes hacia fuera como la energía que irradia el sol, estás expandiéndote. En verdad, estás creciendo en tamaño y en resplandor cuando te das. Y también recibes, en el parpadeo de los rayos palpitantes del sol al dar y recibir. Observa esto con tu tercer ojo, y verás un indicio de lo que se trata una profesión.

Un sol no puede pretender ser una luna ni viceversa. Si sabes lo que eres en esencia, sabrás lo que envías y recibes automáticamente. Debes irradiar tus cualidades naturales, y muchos de ustedes no están conscientes de los hermosos atributos que tienen en su interior porque no se han tomado el tiempo de enumerarlos.

Les rogamos que lo hagan, y cuando enumeren estas cualidades, sientan como se diseminan hacia fuera desde su interior.

Esta es tu profesión, resplandecer siempre en todas las formas creativas. Tus habilidades artísticas están brillando incluso ahora mientras piensas en esto. Imagínate lo que puedes llegar a hacer una vez que lo contemplas aun más lejos. Posees los ingredientes esenciales para pintar un hermoso cuadro a tu alrededor, de la manera que más te agrade. Te apoyamos en todas las formas que sea necesario para que seas tu ser natural, extendiendo y pulsando hacia fuera y con gracia, como el rayo de sol que eres.

Tú eres tu mejor activo, y buscas "emplear" o hacer uso de ti al nivel más elevado posible. Amado, esto es admirable, y deseamos ayudarte en este empeño. En vez de dirigirnos a ti como individuo para ayudarte a conseguir tu empleo, te pastoreamos de forma que podamos atender a todo el rebaño. Te rodeamos con nuestra presencia y te bendecimos, lo cual es nuestra mejor forma de elevarte y elevar lo que te rodea a los ideales más altos.

Comprende que el plano material no es donde nosotros somos más efectivos. Sin embargo, nuestro efecto afecta profundamente el plano material a través de tu cambio de conciencia respecto a tus deberes celestiales. En cada relación con otra persona, invoca a tu corazón para enseñarle todo sobre el AMOR que está en su interior. Porque ese es tu trabajo, amado niño. Ayudarse los unos a los otros a evitar tener que suplicar Su sagrado nombre, y convencerse de que Su amor reside en el interior de todos nosotros.

La ternura de la misericordia que demuestras hacia tus hermanos te cubrirá de una resonancia que es impenetrable para cualquier oscuridad. Pues ninguna oscuridad puede residir en medio de la alegría una vez que la luz se ha despertado. Tu resplandor irradiando intensamente desde tu corazón al suyo es suficiente para alertar a tu hermano de su divinidad latente. No uses palabras, solo sonrisas. No vayas en pos de la acción, más bien del pensamiento. Captura tu atención en la luz en el interior de todos nosotros, y veras cómo crece la magnificencia de tu visión sagrada. Porque tú eres la luz en la cima de la colina que alumbra a todos los hermanos que buscan este sustento.

¿Puedes ver, entonces, que tu empleo es secundario a esta extensión tuya hacia fuera? Ahora mismo puedes sanar a un hermano de cualquier temor que tenga. Eres totalmente capaz de borrar todos los malos sentimientos que capturan los corazones de los demás. ¡*Usa* tu poder, amado nuestro! ¡Y úsalo bien!

No temas sentirte hinchado de amor hacia otro ser. Tu magnificencia se agranda cuando abres al máximo tu corazón y circundas a todos los seres con tus ojos llenos de amor, así como lo hacemos los ángeles con ustedes, solo vemos la gloria que ustedes son. Pues nuestro trabajo y tu trabajo son uno solo en la luz y en la grandeza que es Dios ante nosotros y en nuestro interior. Cariño precioso, la poderosa montaña que deseas escalar está a tus pies en este preciso momento. Y mientras estás ahí estremecido con la energía de la determinación, recuerda que este momento es el pináculo por encima de todos los demás. No existe un momento más preciado que éste para abrazar a un hermano.

Propósito

¡Oh, sí, el propósito! Muchos de ustedes en esta época han sido llamados a recordar su propósito, y podrían sentirse perplejos, como si fueran a tomar su examen final. No se agobien, queridos hijos, pues su propósito no es complicado. Es sanarse. Sánense primero en la mente y en la intención. Declárense este principio: *"Tengo la intención de caminar por la senda más elevada de mi despertar. Me siento sin temor ante la idea de aprender a disciplinar mi mente y mis acciones para sintonizarme con mi propia divinidad."*

Sí, puedes hacerlo, en caso de que tengas dudas sobre tu capacidad de mantener este lugar elevado en tu interior. Tienes la habilidad de sanar, y de sanar en cualquier capacidad que brinde alegría. Pues mira bien, dulce niño, eres una noble bendición en esta época terrenal, y traes dones celestiales para otorgarles a los demás. Eres un ejemplo reluciente de paz, y durante estos cambios de viento en la Tierra, eres un noble recordatorio para los demás de que brillen con su propio brillo divino sobre este mundo.

Amárrate con fuerza al mástil central de tu nave, amado ángel. Debes permanecer bien ajustado a este núcleo de tu ser durante los mares revoltosos que se avecinan. La tormenta no puede enviarte lejos de tu nave siempre y cuando te mantengas fuertemente aferrado a tu centro. Te mantendremos a flote y te apretaremos fuerte con nuestro amor, si solamente lo pides. La tormenta pasará rauda y veloz, y lo que seguirá serán las dulces promesas de tu Creador, quien sólo te pide que centres tu mente y tu cuerpo en una sola palabra: *sanación*. Tú tienes que hacer tu tarea, amado, y Dios la Suya.

No te preocupes por lo que Él está haciendo, pues siempre es seguro aunque te parezca confuso.

Confianza. Esta es la palabra para anclarte a tu centro durante los océanos revueltos que se avecinan en tu vida. Confiar y enseñarle a los demás a confiar también. El final está cerca y es, de hecho, un final feliz. No más tormentas nocturnas esperan al viajero confiado en altamar. Aunque el día te parezca nublado y oscuro, pronto todo tendrá sentido, querido niño. Te pedimos, entonces, que te aferres con fuerza y, sencillamente, permitas que te guiemos en el camino a través de las aguas revueltas. Deja al máximo tus dudas y miedos, dulce niño, y pronto la vía se despejará.

La tormenta no durará ni un segundo más de lo necesario, y aunque te asalte un huracán, aquél que escucha en silencio las respuestas del Creador no puede sufrir daño alguno. Lleva contigo a todos los que escuchen tus palabras, pues te has despertado a tiempo para buscar abrigo. Sabemos que te preocupas por muchos de los que siguen dormidos, pero haremos lo posible para despertar a tiempo a los dormidos, para que busquen abrigo. Pero, incluso, aquellos que duermen profundamente estarán a salvo a través de tu amor, querido, porque tienes el poder a través de tus pensamientos amorosos de ser un refugio para aquellos que encuentran tu mirada.

Contempla tu magnificencia, niño celestial, y úsala sabiamente durante los días venideros. No hay tiempo que perder con dudas que todavía tengas y que te hagan preguntarte: "¿Es esto real?" Nuestra tranquilidad reposa en tu corazón, y si permaneces en silencio, la escucharás con claridad. Los demás se unirán a ti en sencilla reverencia por estos mensajes, y aunarán su fuerza como un ejército, para capturar los años restantes de la luz. Despierta a todos los que puedas, querido niño, y luego busca abrigo para la tormenta venidera. Confía en el

Hacedor, Quien jamás te dejará, y siente alegría por los años que emergen.

Reproche

A quién más podrías reprochar en este mundo que no sea a ti y, a fin de cuentas, esto tampoco es cierto. Un obstáculo en las personas que empiezan el camino es colocar toda la culpa del mundo sobre sus propios hombros. Esto es un malentendido de la ley universal del amor. Sí, la causa de todo está en tu mente. Sin embargo, la solución no yace en reprocharte a ti mismo.

Ven con nosotros en una jornada, amado, y mírate a través de nuestra perspectiva. Limpia tu percepción personal de toda negatividad y comprende que eres Dios disfrazado de humano. Vemos que intentas dar con todas tus fuerzas y te sientes bloqueado en cada ocasión. Es como si estuvieras tratando de empujar muros de cristal que no quieren ceder, e incluso ahora tratas con ardor de entender nuestras palabras para tener un atisbo del cielo y que así logre brillar tu corazón.

Te pedimos que por el momento ceses en tu empeño de empujar los muros de cristal que te rodean, y escuches con tu corazón nuestras palabras mientras te hablamos ahora mismo. Escucha la suave contemplación y el murmullo del viento en tu mente noble y en tu corazón. Mira lo sagrado y lo preciado que eres, alguien que solo desea lo que el amor puede transmitir. Deseas paz, felicidad y un lugar donde descansar y estar a salvo para ti y tu familia. Deseas amor y cuidados, y deseas tener algo para compartir. Amado, estos deseos son tan puros y dulces como un corderito. Si a veces deformas estos deseos hasta convertirlos en feas distorsiones de lo mismo, ¿qué te preocupa?

A fin de cuentas, todo el sufrimiento al apartarte de tu verdad por un momento, siempre te lleva de regreso al cuidado de Dios. Ten en cuenta que todo lo que haces proviene siempre del amor, por amor y para el amor. Entonces, ríete de todas las maneras que buscas lo que ya tienes, y verás por qué los ángeles a veces nos divertimos tanto con tus travesuras. Nos interesa por completo ver tus procesos y tus triunfos, y siempre estamos contigo.

Aun así, te pedimos que des un paso atrás y observes nuestra perspectiva. A la larga, creemos que estarás de acuerdo en que no hay nada que condenar, porque nada puede salir mal.

Separaciones

Ocasionalmente, una pareja pasa por una separación, y esto da como resultado dos compañeros que flotan alejándose el uno del otro mientras que cada uno se pregunta en silencio si lo mejor que podían hacer era separarse. Estos *sentimientos de pesar,* desde nuestro punto de vista, son más que nada lo que causa que el corazón se desangre y sufra. Si tomaste la decisión de separarte, te pedimos que estés muy claro sobre tus razones para hacerlo y que le entregues entonces la decisión a Dios. Cuando lo hagas, es vital que no contemples ni revivas el momento pasado de la separación, porque hacer esto inflige dolor innecesario a un hijo sagrado de Dios (a ti, a la otra persona y a todos los miembros de tus amistades y familia que han sido afectados).

Sanarse de una separación no tiene que ser doloroso, aunque a menudo vemos que los humanos sufren porque eso es lo que esperan. Sí, es cierto, el fin de una relación es como un tipo de muerte. Y la muerte siempre se acompaña de luto. Sin embargo, el luto no tiene que conllevar esos lamentos descorazonadores que siempre vemos en las películas en blanco y negro. Puede ser un momento ideal para tomar decisiones respecto a ti mismo.

De grandes penas surgen grandes cambios. Te sugerimos, entonces, que aproveches esta oportunidad de la separación, ya sea que la estés contemplando, sea inevitable o acabe de ocurrir, y uses esta energía vital para escribir una nueva página de tu vida. Escribe lo primero que se te venga a la mente que te permita saber lo lejos que has llegado, más que todo debido a esta relación reciente. Verás su valor, se termine o no.

¿Ves el don que te has regalado ahora mismo, al enfocarte en los dones que te ofrece la presencia? Siempre hay otra manera de ver cualquier situación, y te pedimos que pongas todos tus esfuerzos en avivar la bondad.

Soledad

El portal en tu corazón, que permite que el amor fluya, puede parecer vacío cuando olvidas que está fluyendo. Cuando miras hacia otro lado, puedes ansiar que sea reabastecido con más de su esencia, la cual tú crees que puede extinguir su dolor. Sin embargo, este anhelo es tu sed de nuestro Creador Celestial que reside eternamente en cada espacio. Y eso que crees que está vacío, está de hecho lleno más allá de su capacidad incluso ahora.

Amado, ¿crees que Dios te dejaría desconsolado mientras crees caminar entre los árboles y las personas de la Tierra? ¿Crees que Él no te guiaría siempre hacia la persona que necesita tu amoroso consuelo que proviene de Aquél que los ama a los dos en este instante y siempre?

Eres tan inmensamente amado que tu percepción de esto es solamente una luz trémula de la sonrisa que está en tu corazón. No comprendes tu grandeza y por eso te alejas de ella, por temor de sobrecogerte ante la luz que brilla en tu interior. Contempla tu grandeza, ¡precioso niño! No te alejes de la luz que encandila tu vacío y lo llena de un amor tan real y eterno que no se compara en ningún lugar ni espacio del tiempo. Contempla su sustancia en tus brazos en el cálido abrazo, pues sólo eso puede llenar tu vacío de amor, amor eterno, puro e impetuoso a través de ti y por completo.

Querido hijo bendito de Dios, observa a tu alrededor y mira los reflejos de Su amor en todo lo que ves. No veas la mancha en el portal que estropea tu dicha mientras estás en este planeta Tierra, sino que mira más bien la puerta abierta de la eterna hermandad con todo aquél que te encuentras. Hay siempre amigos para ti; solamente debes buscarlos y estarán contigo.

¿Cuántos amigos deseas? Pide, y ¡los tendrás hoy mismo! Los compañeros que deseas comienzan en tu interior, en el compañerismo con tu ser sagrado. Únete a ti, y comprométete con este compañerismo ahora mismo. Luego, lleva esta promesa solamente de tu interior, al mercado adonde vayas, e ilumina con tu santidad a todo el que encuentres.

El paso de esta grandiosa y resplandeciente luz es inconfundible para todo el que te contemple, y ellos regresan Su mirada de amor en tu dirección. Escucha la voz que te llama como la tuya propia, y reúnete con tus semejantes en gustosa reminiscencia de tu compañía sagrada.

Quédate en calma un instante, y siente cómo se disuelven todos los vacíos. Pues tú no aportas nada a este mundo que no sea tuyo propio. Aquello que es de tu propiedad, a la vez te posee, y por eso te rogamos que tengas cautela en proclamar que los demás están siendo testigos de algo que no sea tu amor. Mira en ellos solamente lo que ves en tu interior, y escoge con cuidado las palabras habladas que intercambias.

Marca un lugar en tu sagrado corazón para la amistad y ella llegará. Desentierra de tu armario todas las barreras que te protegen del amor, pues estás dispuesto a dejar entrar el amor a cambio de aceptar su valor en tu territorio. Ahora descansas en la tranquilidad de que Su seguridad eterna se mezcla con la preocupación por tu protección, amado.

El amor jamás puede hacer daño, y tus súplicas de amistades han sido escuchadas. Dale paso a la gracia, y ella reflejará un amigo que concuerde con tu resonancia. Eres un amigo para todos nosotros quienes en el cielo te apreciamos siempre con ardor. Te enviamos compañeros perfectos para marcar esta solemne ocasión de apertura de tu corazón, aun más a Su amor sagrado y bendito.

Sueño

Venimos a ti cuando duermes en la alegre percepción de todo lo que has realizado cada día. Suspendemos tus dudas y tus cuitas durante los momentos en que te acunamos con nuestro tierno abrazo. Quizá piensas que nos referimos a tu sueño nocturno, pero, ¿estás consciente de los momentos en que duermes mientras estás despierto? Cuando contemplas la conciencia dormida y perdida del mundo en general, entramos en tu mente y atraemos tu contemplación de regreso hacia nosotros.

En el dulce reconocimiento de tus primos terrenales, te recordamos su verdadero hogar, el cual está de regreso con los tuyos. Te distanciamos de aquello que es cruel en tu carne humana, y te despertamos en otro mundo de exuberancia y noble esparcimiento. Tus momentos de vigilia en la Tierra son, en realidad, momentos en que duermes desde nuestro punto de vista. Desapareces por momentos y, sin embargo, sostenemos tus manos a través del velo que separa ligeramente tu mundo de este lado. Retrocedemos y te observamos danzar y jugar entre los mortales humanos, mientras tocamos suave música de fondo para arrullarte.

Tus rituales antiguos pueden desconcertarnos, pero jamás te abandonaremos mientras te involucres en dichos juegos. Esperamos con paciencia que regreses con agrado a tus momentos de sueño terrenal y, entonces, comenzamos en el lugar en donde nos habíamos quedado previamente en nuestros momentos juntos de plena conciencia. Como ves, querido, desde nuestro territorio observamos tus sueños como una entrevía, para nosotros cristalizar en tus pensamientos nuevas formas de observar las apariencias. Intervenimos con agrado cuando bajas tu guardia, y reacomodamos todo de acuerdo a tus deseos y a tus oraciones.

No pienses que reacomodamos las cosas sin tu aprobación, amado, pues las leyes divinas nos prohíben traspasar sin tu aprobación excepto en momentos de peligro. Siempre vamos con pies de plomo pero, con agrado, cuando así lo has deseado. Siempre esperamos tu invitación, angelito terrenal, y siempre dispuestos a concederte tus solicitudes de intervenir en tu beneficio. Estamos detrás de ti y al frente tuyo, cuidando tu camino y planificando atentamente el enfoque de tu atención hacia lo interior y lo exterior, para que tu prestigiosa asociación con el Creador pueda brillar en el centro de tu propio ser.

Las ocasiones en que has sentido que se abren tus heridas, son usadas por nosotros para útiles lecciones, entonces, no las temas. Porque ellas permiten que los rayos de Dios brillen hacia los demás, como una marca en un mapa del tesoro que los llama al hogar. Confiamos en ti, amado, para que nos abras tu templo durante los momentos de sueño cuando podemos cuidarte y guiarte. Confiamos en el Creador para ofrecerte la lección perfecta en tu propio momento, el cual iluminamos con la alegre conciencia de nuestro deber más sagrado hacia el Santísimo Anciano.

Arrodillémonos juntos, y agradezcamos los momentos en que nos unimos en callada comunión mutua. Estos momentos que tú llamas "sueño," son para nosotros los más grandiosos momentos juntos, mientras estás aquí en esta tierra.

Sueños

Usas el término dulces sueños para diferenciarlos del resto. El jardín de tus ideas a veces crece salvajemente, y su naturaleza puede lucir como retoños de flores perennes que capturan toda tu atención. ¿Qué es este periodo de tiempo que tú llamas "sueños," sino una oportunidad de florecer en la superficie salvaje de tu patio interior? Tu mente parece nublarse a la luz, pero hospeda un ambiente perfecto para junglas exuberantes y cada vez más y más extensas.

¿Ves, entonces, que la mente se ejercita durante el sueño, mientras que nosotros humildemente trazamos visiones en tu tercer ojo para su diversión entretanto tú creces? Su fastuosa expansión es una oportunidad de demostrarte la operación de tu mente. Una vez resguardada, la mente en tranquilidad nos permite pintar en tu lienzo para ilustrar lo que deseamos mostrarte. Sus majestuosos colores intensifican la naturaleza de nuestras intervenciones en la mente, la cual anhela sanación.

Usa tus sueños con sabiduría y busca siempre la forma de usarlos como intervenciones sanadoras. Programa cada noche tus intenciones por medio de esta oración:

> *"Amado Señor, te pido que esta noche expandas mi conciencia por medio de las intervenciones de Tus ángeles en los paisajes de mi mente. Te entrego mi mente abierta y mi corazón, para que puedas sanar todas las limitaciones de mis ideas, y corrijas mi mente hacia la verdad."*

Siente, entonces, que nuestra confirmación a tu plegaria ha sido escuchada, y que derramamos amor y gratitud sobre ti de forma tan poderosa que puedes sentirlo. La vibración durante tus sueños abre el portal que nos permite exponerte nuestras lecciones, usando como telón de fondo historias y cuentos que te enviamos con cariño, para que puedas seguir inculcando nuestras intervenciones en tu mente durante los momentos de vigilia.

Siéntete feliz de que esto es así, amado nuestro. Que la ayuda de Dios es ineludible. Sin embargo, para muchas personas, Su ayuda encuentra un vacío compuesto de ideas contaminadas; y a Su llamada suena el timbre de ocupado debido a esperanzas y temores. Aun así, ¡la noche se presta de manera maravillosa como la mejor oportunidad para nuestra intervención más profunda!

Como te hemos dicho, úsala con sabiduría para ayudar a que se realicen todos los deseos que sirven a tu propósito en la tierra. Tratamos de guiarte en todas las formas posibles, y esperamos la más mínima muestra de que nos están invitando para inspirarte con nuestro amor. Tu mayor poder se está manifestando ahora mismo. ¿Puedes sentirlo? Aferra este poder a través de la intervención angélica de tus sueños y despiértate refrescado sabiendo que todo lo mejor es posible. Aférrate a esta maravillosa sociedad entre los ángeles y los hombres y reúnete con ellos a recibir buenas nuevas en tus sueños nocturnos.

Tiempo

¿Se rige tu ira por el reloj que llevas en la muñeca? ¿Te incita la posición de sus manecillas a pensar que debes correr deprisa, al igual que la aguja que persigue los segundos? Los observamos mientras persiguen a los polos de las posiciones del reloj, y hacemos una pausa para pensar en esta situación en el planeta.

Te pedimos que consideres la lógica de esta conducta. ¿No es cierto que gastas mucha energía tratando de seguirle el ritmo al tictac incesante de los guardianes del tiempo? Y, sin embargo, ¿no comprendes que a pesar de que ellos no pueden detenerse, la maquinaria humana requiere de descanso y de más atenciones ocasionales?

Te pedimos, entonces, que estés en la luz cuando consideras esta competencia con la máquina del tiempo que tú mismo te has impuesto. Cuando los miramos, y miramos en sus corazones, no encontramos ni una sola alma que esté de acuerdo con esta competencia insensata entre la mente y las máquinas. Y, aun así, aunque todos ustedes piensen que el reloj es un gobernante despiadado, no hay uno entre ustedes que declare lo obvio para que los demás puedan unirse en mutuo acuerdo.

¿Pues quién entre ustedes reina en el gallinero? ¿Quién será el primero en decir que este reino del reloj ha impuesto en los mortales sólo temor y penas? Nosotros, que vivimos según el tiempo celestial, estamos atentos a cualquier indicio de comprensión, de que los relojes pesan con intensidad sobre sus almas. Y, les imploramos, que examinen su angustia al competir con las manecillas incesantes, que jamás paran de marcar el tiempo una y otra vez.

Se supone que respires con deleite, y no que parodies a un reloj como si te poseyera y te impidiera que gozaras de tu imaginación creadora. Pues, aquello que estrangula las horas de la vida, también debe dejar a la imaginación humana desprovista de su afán. La creación nació, no de la presión, sino de una dicha inmutable que se manifiesta en la celebración de su magnificencia.

Juega, no trabajes, es el corazón de la solución. Y, esta percepción alegre de tu eternidad inmortal, debe darte la pausa para considerar la inutilidad de capturar tu corazón en segundos, minutos y horas. Pues, ¿quién debe ser complacido, si no es el ser interior que es Dios? Programar tiempo para esto y aquello, retrasa la inevitable felicidad que te trae a casa con nosotros. No te permitas adherirte a puntualidades rígidas, más bien, pon tu reloj a la luz y observa cómo refleja su resplandeciente eternidad. Pues, nada inmutable puede ser medido, tal como la luz que hay en tu interior.

Tan sólo por una hora, no prestes atención a las medidas que muestra el objeto en tu muñeca. No permitas que residan en tu mente, ni en tus labios, pensamientos relacionados con el tiempo. Y, observa el movimiento de tu mente y de tu ser al regresar lentamente a la serenidad, que hace brotar nuevas ideas. El cielo puede ayudarte con una efusión de nuevos pensamientos cuando te abres a ello, desacelerando tus pensamientos hacia una nueva medida del tiempo.

Estamos aquí para ayudarte y, sin embargo, la malla que impide que nuestros pensamientos de renovación penetren en ti puede ser abierta mucho más con tu intención. Sencillamente, di: "¡Me despojo de las sombras de las preocupaciones relacionadas con el tiempo!" y vemos aperturas cada vez mayores para que podamos entrar y deshacer tus dudas acerca de liberarte del tiempo. Amado, tienes razón en rebelarte en contra de este sistema que obstaculiza tu camino. Pídenos que te ayudemos a guiarte, para liberarte del acoso de las horas y los minutos.

Pues, ¿quién podría rebanar en pedazos de minutos de gloria a un propio ser de Dios? Lo imposible no puede lograrse. No rebanes tus ilusiones de otro ser en tajadas de desobediencia, al convertirte en el sirviente de un raptor que ni siquiera te conoce. Sirve bien a Dios, y el tiempo se encargará de sí mismo. Jamás temas llegar tarde a nada más que a tu propia presencia ante Dios. ¿Y, acaso Su promesa no te incita al Amor, en vez de hacia el miedo? No tiembles de temor por llegar tarde a lo que es real, pues lo real ilumina eternamente Su gracia ante tu eternidad.

Traición

Querido nuestro, ¿cuál es la base de la traición? ¿Un sentimiento de menoscabo o desamor? En verdad, la persona que te ha hecho daño, se está traicionando a sí misma. Esta persona, sin darse cuenta, ha lanzado una piedrecilla en un estanque con ondas que te afligen un dolor intenso, en vez de una reflexión clara de amor. ¿Te traicionarías aun más dándole la espalda a tu verdadero ser alejándolo de la conciencia? Tu enfoque en el sufrimiento solamente te sirve para hacerte aún más daño, precioso niño. Puedes perjudicarte más a ti mismo que cualquier otra persona al enfocarte continuamente en tu dolor.

Deja el dolor atrás, ¡querido niño! No te traiciones más deambulando por el sendero de la contemplación dolorosa. No le haces justicia a nadie manteniendo a flor de piel tu situación de dolor. Pero, de toda maneras, debes sanarte. Entonces, limpiarte del dolor liberará tu conciencia y te librará de la herida profunda y abrasadora causada por la traición de un ser querido.

Observa a tus ángeles rodéandote por la cintura, y advierte que cada vez nos acercamos más y crecemos en número. Nuestras alas están extendidas a tu alrededor como un círculo gigante que forma una bandeja, y te pedimos que coloques tus manos con las palmas hacia abajo sobre esta bandeja de alas. Déjanos transmitirte el calor de nuestro amor desde nuestras palmas. Siente cómo deslizamos los desequilibrios de tu energía hacia un lugar de paz y seguridad con nuestro movimiento continuo.

Puedes enviar la ira que sientes por la traición desde tu mente, tu corazón y tus entrañas a lo largo de tus dedos y hasta nosotros. Entréganos tus tiernas y dulces emociones: el amor que sientes te fue despojado por la traición de tu amigo; los sentimientos de insensatez al pensar que no debiste haber confiado en la sinceridad de esa persona; la sensación de que perdiste tu tiempo una vez más en una relación que no te llevaba a ninguna parte. Amado, sabemos cómo te sientes.

Aunque compartimos tu sufrimiento y llevamos en nuestros hombros tus cargas, jamás perdemos de vista el hecho de que en verdad, la traición no existe ni nadie puede perjudicarte. La verdadera conexión de corazón entre tú y la otra persona, ha registrado por toda la eternidad los momentos de amor que esta relación le ha añadido al universo. Este amor, cariño nuestro, jamás puede ser deshecho y jamás deberás arrepentirte de él.

No has hecho nada malo y eres un hijo preciado de Dios, un retoño de amor. Aunque todos ustedes en la tierra tropiezan en ocasiones, como niños aprendiendo a caminar, Dios y los ángeles sabemos que tarde o temprano llegarán a dar firmes zancadas. No tienes que reprenderte ni reprender a nadie por los tropezones ni las caídas que ocurran a veces, incluso si parecen haber sido causados deliberadamente por la otra persona.

Lo que causaría que otra persona te traicionara es igual a la torpeza que hace que caigan los bebés y los niños pequeños. La verdad interna de esa persona, al igual que la tuya, es que el amor en todo su alcance jamás conlleva a la competencia, a la manipulación ni a la traición. Te pedimos que tengas paciencia contigo y con la otra persona, mientras los dos reflorecen hacia la total madurez emocional.

Amado, debes estar dispuesto a perdonar y a superar, sigue entonces tu sabiduría interior que te dice cuándo debes alejarte de otro ser en la tierra. Te han puesto aquí por una razón, oh hijo sagrado de Dios, y no tienes que agobiarte sacrificando tu felicidad al permanecer en una relación.

Al sanarte a través del perdón y de las liberaciones purificadoras, atraes naturalmente a aquellos seres en tu vida que te honran al mismo grado en que te honras. El resto es natural, querido, y para nosotros es un placer observar tu sendero de crecimiento, aunque esté repleto de tropiezos y deslices. Te amamos mucho, y te pedimos que jamás olvides que tu verdadero hogar en el cielo está en el corazón de Dios y con nosotros, siempre.

Vacío

¿Cómo es posible que un hijo sagrado de Dios, maduro y abundante, se sienta vacío? ¿Perdiste la visión de tus riquezas creyendo, por consiguiente, que estás desprovisto de los frutos a los cuales aspiras? No te juzgamos por este descuido, pero deseamos dirigir tus ideas hacia la verdad que es felizmente tuya y puede ser compartida.

No hay nada que debas buscar fuera de tu santidad. Esta verdad puede sorprender a aquellos que presienten un vacío y sienten que deben llenarlo. ¿Qué buscas coleccionar que no poseas ya? Sin duda, las riquezas del reino ya están instaladas en lo más profundo de tu alma. Porque no hay nada que puedas recibir que te haría sentir más lleno de lo que estás en el presente. Y no hay nada que puedas dar que te disperse, pues eres eternamente sagrado.

La idea de carencia produce dicha experiencia, y por eso te rogamos que liberes esta percepción en nuestras manos para purificarte de su penoso residuo. El poder con el cual eres capaz de desdeñar tus condiciones presentes es la esencia de la santidad, que erradica todas las cosas que podrían traerte sombra en vez de deleites. Usa tu voluntad poderosa para alinearte por completo con Su santidad, pues eso atrae a ti lo necesario para sustentar las necesidades intrínsecamente humanas.

No obstante, la naturaleza inherente en la idea de la necesidad, incrementa la ilusión de la carencia. Despójate, querido, de toda idea que parezcas tener que muestre representaciones poco amorosas de la vida que llevas. ¿Compartes Su deseo de sostener representaciones celestiales de tu sueño terrenal? Entréganos, pues, tus angustias y congojas para que podamos entregarlas para su purificación. No prives nada de nuestro amoroso abrazo, porque alejaremos todos tus pensamientos dolorosos de tu poderoso amor.

Ahora, con gran cariño, revélate la verdad de tu gloria y sabiduría. Observa ahora, por nuestra luz, el reflejo de tu Creador que enceguece la visión de vacío y te llena de amor hasta rebosar. Aquellos que están sedientos, beban a gusto en Su abrevadero y recarguen su ser con el alimento sagrado. Pues, ustedes son amados profundamente siempre, y les imploramos que se entreguen a sí mismos, lo mismo que su Hacedor busca darle a ustedes ahora.

Entréguennos sus tristezas y angustias, y libérense, lo cual es su verdadero deseo. Surquen la sabiduría celestial de esta plenitud que es suya, y permítannos la dulzura de establecer una comunicación continua con ustedes. Nos deleitamos en alegría, que está llena como el néctar en una fruta madura. Cree en tu plenitud, querido, y no buscarás más allá de lo que tú mismo eres.

Vergüenza

¿Quién está entre ustedes tan avergonzado que busca esconderse de su santidad eterna? ¿Te ha causado el peso de la autocrítica que te revuelques en una ráfaga de vergüenza, que hace que crees un blindaje que te separa de tus semejantes? Buscando alivio en la soledad, aquél que lame sus heridas mortales pronto se encuentra preso de estas palabras: que el dolor mayor proviene del interior, y ahí yace también su liberación. Entonces, hagamos una pausa aquí por un momento, para que resolvamos su liberación.

Observa en estos momentos, con los ojos de tu espiritualidad interior, un retrato de alguien que es similar a ti, y quien ha sido moldeado en las vestiduras de lo inmortal y lo eterno. ¿Puedes ver el brillo de calidez emanando de la santidad de este ser? ¡El retrato que te estamos mostrando es el *tuyo* propio! Ahora, mientras fundes tu mirada en tu propia luz, ¿te deleitas ante el reconocimiento de tu propio poder? ¿Percibes la capacidad de este ser poderoso que tú eres?

Aquél que es grandioso lanza Su poder a través de tu poderoso ser, no obstante, aquellos de ustedes que se ven como despreciables no pueden concebir que haya un poder de esta magnitud en el interior de sus seres mortales. ¡El dominio del poder les pertenece a todos, hijo sagrado! No hay nadie entre ustedes más grande ni más pequeño que el resto. Porque en ningún lugar de esta gran expansión de la tierra podría Dios haber realizado una creación más perfecta que lo que tú eres.

Cuando te maravillas ante la verdadera magnificencia en tu interior, ¿ves su poder masivo conmover a toda la humanidad en una inspiración tan dulce que los mortales no pueden degustar? Esta limitación que te has impuesto a ti mismo humildemente como un fardo, te esclaviza. No te menosprecies con vergüenza, dulce y tierno niño. Pues alguien con tal gracia y santidad como tú, no puede sentir vergüenza que pueda hostigar la hechura interior de la propia imagen y semejanza de Dios.

Póstrate ante Su grandeza, eso sí es válido. Así como es cierto que aprenderás de las lecciones que te están haciendo madurar. Imparte sobre el mundo tu grandeza, pues estás eternamente listo para dar rienda suelta a Su valor de modo que todos lo vean a través de tu brillante ejemplo. Por muy tímido que parezcas ser, Su resplandeciente honor es inconfundible para aquellos cuya mirada se deposita en los rayos luminosos de tu ser. No eclipses estos rayos con falsa humildad, querido, ¡y no pienses que la humildad te requiere que no brilles!

Mientras Él te rodea con dones de alegría, así también tú iluminas con estos rayos de conciencia a todos aquellos a quienes alcanzas. No hay nadie entre ustedes que no se pueda sanar como resultado de estas palabras y, no obstante, sus dudas pueden blindarlos a esta sanación; liberénlas, pues, en nuestras manos. Entréguennos el día de hoy su armamento de fatiga y falta de fe, para que podamos blindarlos con las verdaderas medallas que provienen de la gracia y la alegría. Por lo tanto, no hay valor alguno en volverse raptor de sí mismo, y Él te pide que sigas Su llamado a la gloria entre ustedes en nombre mutuo, así que tú eres Su hijo más perfecto de las alturas, no caído de gracia en ninguna forma mortal.

La vergüenza es erradicada cuando Él ilumina con su comprensiva paciencia, todos los pensamientos que tú Le ofreces a su poder sanador. Ilumina y aleja todo rasgo de vergüenza al ofrecérselo a Dios, hijo celestial, y siente la obliteración de los momentos que pensabas eran causa de dolor. Observa riéndote inocentemente lo fácil que se disuelven cuando son elevados a la gloria celestial y entregados a Aquél que puede otorgarle a todas las cosas Su gracia eterna. Él es Quien resuelve creativamente todo aquello que podría arruinar la conciencia de Su santidad en todos los mortales, ¡y aún así intentas vengarte de ti mismo por algo que ni siquiera hiciste!

La culpa se arrastra en silencio durante la noche y estrangula a su víctima con una almohada sofocante sobre su cabeza. No permitan este raptor entre ustedes, y no entonen su cántico para llamarlo en el alféizar de su ventana abierta. ¿No les acabamos de decir que Su gracia penetrante se apresura a sanar todos los aparentes pecados de los mortales? No hay nada en Su visión sagrada que impida que Su mirada resplandezca ante tu presencia. Porque Aquél que te ama plenamente, no puede sondear en algo que podría reducirte o empequeñecerte. Sé como Él, mirándote con ojos melancólicos que solamente capturan tu imagen como alguien amoroso ante Su vista.

SEGUNDA PARTE

Comunicación, sanación y convivencia con los ángeles

Introducción

Ya sea que desee canalizar a los ángeles, o solamente desee escuchar con mayor claridad su guía divina, puede tomar pasos específicos para comunicarse con más claridad con estos seres celestiales. El primer paso es, sencillamente, *desear* conversar con los ángeles.

Nuestras intenciones, sea lo que sea que hagamos, son el punto de inicio de todo lo que experimentamos. Así es, mantener la intención de comunicarse con los ángeles en su corazón y en su mente, asegura que esto ocurra.

Todos, sin excepción, podemos comunicarnos con los ángeles. Es una falacia creer que uno debe ser escogido, sensible, o tener un don especial para escuchar la voz de Dios y de los ángeles. Puesto que todos fuimos creados iguales por Dios, todos estamos igualmente dotados.

Además, los ángeles nos rodean constantemente y nuestro ser superior está unido con ellos y con Dios. De suerte que nuestro ser superior está en contacto constante con Dios y con los ángeles, a través de la Mente universal que todo lo comprende. Usted no tiene que *añadir* nada para escuchar la comunicación divina. Es más cuestión de *retirar* temores, dudas y tensiones que puedan bloquear sus ojos y sus oídos espirituales. Afortunadamente, los ángeles están encantados de ayudarnos a retirar estos bloqueos, lo único que tenemos que hacer es pedirlo.

Una vez que ha liberado cualquier cosa en su interior que se interponga en su camino, recibirá con naturalidad la comunicación divina muy clara y directa. Luego, puede amplificar el volumen y la claridad de los mensajes haciendo cambios sutiles en el ambiente de su hogar y de su estilo de vida. De nuevo, los ángeles lo ayudarán en casa paso del camino.

En las siguientes páginas, he descrito algunos métodos que he encontrado especialmente útiles para desbloquear la comunicación espiritual. Los ángeles me enseñaron muchos de estos métodos. Usted advertirá, ocasionalmente, que los ángeles le hablarán directamente en algunas de las páginas siguientes. Claro que hay tantas formas de comunicarse con los ángeles como caminos en el sendero espiritual. Sus ángeles lo guiarán a seguir el método particular que se ajuste más a usted. De hecho, es probable que disfrute matizando su propio estilo original de comunicación con los ángeles.

Puesto que la emoción de los ángeles es la alegría, de seguro que sentirá un *inmenso* placer al conectarse conscientemente con estos seres celestiales.

Doreen Virtue

Estamos rodeados de ángeles

Al pagar mis compras en una tienda por departamentos, advertí que una empleada que se encontraba cerca, llevaba en su suéter tres alfileres dorados de ángeles. Elogié a la mujer por sus joyas y la empleada que me estaba atendiendo, comentó: "Quizá yo debería comenzar a usar también alfileres de ángeles. ¡A lo mejor así tendría la suerte que ella tiene!"

¡Suerte! pensé, mientras miraba a los ojos a la mujer que llevaba puestos los alfileres de los ángeles. Ella me hizo un guiño ante el reconocimiento mutuo de que la "suerte" no tiene ningún rol en los milagros que ocurren, cuando uno invita a los ángeles en su vida. La mujer explicó que en dos ocasiones había recibido protección milagrosa de parte de sus ángeles en la tienda. Primero, había recuperado intacta su cartera que había sido robada una hora antes. Segundo, un estante lleno de ropa pesada estaba cayendo sobre ella, cuando milagrosamente cambió de dirección.

Mientras la empleada y yo intercambiábamos historias de intervenciones angélicas, se abrieron los ojos de la mujer al frente mío: "¿También yo tengo ángeles?" quería saber, y luego preguntó: "¿Cómo puedo hacer para que ellos me ayuden a mí también?"

Siempre nos beneficiamos cuando invitamos a los ángeles a nuestras vidas. Para familiarizarse con los ángeles en su entorno, comencemos por ver los distintos roles que pueden tomar los ángeles. Existen tres categorías de ángeles para ayudarnos aquí en la tierra:

1. Ángeles guardianes

Todo el mundo sin excepción tiene un ángel de la guarda. He conocido personas que dudan de merecer un ángel de la guarda. Por favor, comprenda que usted tiene un ángel de la guarda a su lado, ¡se lo garantizo! Este es el ángel que está constantemente con usted, desde su nacimiento hasta su transición de regreso al cielo. El amor de este ángel por usted es incondicional, y es mayor que cualquier cosa en esta tierra. Su ángel de la guarda se asegura que usted esté siempre a salvo y reciba guía.

Los ángeles guardianes a veces se confunden con los "guías espirituales." Un guía espiritual es un ser amoroso que ha vivido en la tierra en forma humana. Esta persona recibe entonces un entrenamiento especial en el Más Allá para convertirse en un guía espiritual. Este entrenamiento enfatiza que el guía no debe interferir con su libre albedrío, ni tomar decisiones por usted. El guía está aquí para ofrecerle consejo general, apoyo y, en ocasiones, advertencias y protección. La mayoría de los guías espirituales son personas queridas que han muerto, tales como: abuelos, hermanos, amigos queridos y padres. Su guía espiritual puede haber dejado su vida física antes de que usted hubiera nacido. Sin embargo, este ser amoroso estaba ahí en el momento de su nacimiento y, desde entonces, ha seguido a su lado durante toda su vida. Al igual que usted siempre se interesa por la prole futura de su familia, así también lo hacen los miembros de su familia que han muerto y a quienes a lo mejor ni siquiera conocimos en forma física.

Los guías espirituales actúan en la capacidad de ángeles guardianes, en el sentido de que ellos aportan muchos dones a nuestras vidas. La diferencia principal es que los verdaderos ángeles guardianes, los cuales jamás han sido mortales sobre la tierra, tienen una frecuencia energética más elevada. Los conocedores, aquellos que pueden "percibir" la sensación de una presencia espiritual, pueden reconocer la diferencia palpable entre una presencia angélica y un guía espiritual. Los clarividentes ven que las auras de los ángeles son de un blanco luminoso, mientras que las auras de los guías espirituales nos son tan brillantes y pueden lucir de un blanco azulado.

2. Ángeles

Estos son los seres de luz que responden a nuestro llamado de guía, asistencia, protección y apoyo. Los pensamientos de amor de Dios crean ángeles. Ellos están aquí para ayudarnos, especialmente cuando nuestra intención es atraer alegría y sanación al mundo. Pida todos los ángeles que desee para que lo rodeen. Pida que los ángeles rodeen a sus seres queridos, a su hogar y a su negocio. A ellos les encanta ayudarnos, y lo único que piden es que recordemos decirles ocasionalmente: "gracias", como aprecio por su ayuda.

3. Arcángeles

Estos son los ángeles que supervisan a los ángeles guardianes y a los ángeles sobre la tierra. Podrían considerarse como los "gerentes" en la jerarquía de los ángeles terrenales. Uno puede invocar a un arcángel cuando necesita ayuda poderosa e inmediata.

Puesto que los ángeles son seres puramente espirituales, no tienen restricciones de tiempo ni de espacio. Un arcángel puede ayudar a muchas personas en diferentes lugares geográficos al mismo tiempo. No se preocupe al invocar a un ángel temiendo que su necesidad no es lo "suficientemente importante", o que el ángel podría estar ocupado. Su invocación de ayuda es dulce música para los oídos de los ángeles.

Debido a la "Ley del Libre Albedrío", los ángeles y los arcángeles no pueden intervenir en nuestras vidas a menos que pidamos específicamente su ayuda. La única excepción es cuando hay una situación en que peligra nuestra vida, en el caso de que pudiéramos morir antes de nuestra hora. En el resto de los casos, es nuestra responsabilidad recordar constantemente invitar a los ángeles y arcángeles en nuestras vidas.

Los ángeles y arcángeles acuden a su ayuda en el momento en que los invoca. No tiene que realizar una invitación formal, ni siquiera tiene que verbalizar su llamada en voz alta. El puro pensamiento: *¡Ángeles!* es suficiente. Si su solicitud de ayuda angélica es sincera, los ángeles aparecen como respuesta a su llamado, ¡antes de que haya terminado de llamarlos!

Los arcángeles

Cada arcángel se especializa en una condición humana distinta. Es útil aprender cuál arcángel maneja cada función, para así saber a quién invocar en un momento de necesidad. Aquí vemos un resumen de las funciones y los nombres de los cuatro arcángeles más importantes:

1. El arcángel Miguel, cuyo nombre significa: "Similar a Dios" o "Aquél que luce como Dios."

A menudo llamamos a Miguel, "San Miguel," especialmente desde que el Papa Pío lo designó como el santo patrón oficial de la policía y los soldados. Es obvio: Miguel es el defensor de la luz y de la bondad, y su papel principal es escoltar a las personas caídas de gracia para alejarlas y que no puedan hacerle daño a los demás. Miguel y sus ángeles asistentes, conocidos como: "La banda de los misericordiosos," llevan a las personas negativas (vivas o muertas) a la luz de Dios, en donde se sanan sus mentes.

Invoque a Miguel cada vez que sienta miedo de fuentes negativas. Si está en un lugar lleno de gente furiosa, por ejemplo, pídale a Miguel que se lleve la energía negativa. Si sospecha que tiene a su lado a un espíritu poco evolucionado y confinado a la tierra, Miguel puede llevar ese ser a la luz.

De la misma manera, cuando se siente sobrecogido por las preocupaciones y los temores, pídale a Miguel que purifique su mente y su corazón. Los ángeles pueden entrar en nuestros cuerpos y pensamientos, y ayudarnos a ver las cosas desde un punto de vista más amoroso.

Los cuadros que representan a Miguel, lo muestran a menudo sosteniendo una báscula en su mano, ya que es el regidor de la verdad y la justicia. Si siente que alguien lo está tratando de manera injusta, pídale a Miguel que intervenga. Usted recibirá una solución milagrosa, ya sea que la otra persona lo llame para pedirle disculpas o que cambie de parecer.

Miguel también puede ayudarlo a resolver calamidades. Lo invoqué cuando mi esposo buscaba desesperadamente los archivos de su computadora para un documento muy importante. Mi esposo (cuyo nombre también es Miguel) temía haber borrado accidentalmente su documento, pues no podía encontrarlo por ninguna parte. Mientras tanto, me senté cerca de él y le pedí a San Miguel que interviniera. Instantáneamente, vi una gran figura aparecer sobre el hombro izquierdo de mi esposo, parecía como si el ángel estuviera bregando con la computadora. Al cabo de un minuto de esta visión, mi esposo exclamó "¡lo encontré!"

Es buena idea invitar la presencia de Miguel en cualquier habitación de su casa u oficina, en donde se "perciba" energía negativa. Por ejemplo, si vive en una casa que haya sido ocupada previamente por personas que no eran felices, pídale a Miguel que purifique el ambiente. Siempre le pido que limpie la energía de los auditorios en donde imparto seminarios. La energía angélica de Miguel crea una atmósfera relajada y amorosa para la audiencia y para mí.

Cada vez que esté molesto, invoque al arcángel Miguel para restaurar la armonía y la paz. Si pasa por vecindarios que sean de alguna manera inseguros, asegúrese de pedirle guía y protección a Miguel. Puede pedirle que intervenga en relaciones polémicas o en matrimonios en donde haya discordia. Piense en el arcángel Miguel como el protector de la alegría, y siempre sabrá cuándo es el momento de pedir su ayuda.

2. El arcángel Gabriel, cuyo nombre significa: "Héroe de Dios" o "Dios es mi fortaleza."

Gabriel es el ángel famoso que le anunció a la virgen María el nacimiento de Jesús, y quien luego dijo: "Traigo buenas nuevas de gran alegría" refiriéndose a Jesús recién nacido. Este arcángel es el mensajero de Dios, el que nos anuncia eventos futuros, cambios en el horizonte y nuevas experiencias en nuestro camino. Gabriel ayuda a los mensajeros humanos, incluyendo a los periodistas y portadores de correo.

Los padres que esperan o desean un hijo pueden invitarlo a sus vidas, para supervisar la concepción y el nacimiento de un bebé. Además, es de sabios pedir la ayuda y el consejo de Gabriel, cuando uno se esté involucrando en un nuevo proyecto de cualquier tipo: el inicio de un negocio, un nuevo trabajo o un cambio de residencia.

Este arcángel también infunde nueva vida en relaciones deterioradas y en los negocios sin futuro aparente. Pídale a Gabriel que resucite cualquier parte de su vida que parezca "estancada." Recibirá ideas creativas y nuevas oportunidades para ayudarlo a que avance de nuevo.

La leyenda atribuye a Gabriel la entrega a Daniel de las profecías relacionadas con el Mesías, del *Corán* a Mahoma, y de la inspiración que llevó a Juana de Arco a realizar su misión. En consecuencia, muchas personas creen que Gabriel está a cargo de las visiones, sueños y revelaciones. Pídale ayuda a Gabriel para interpretar los sueños que le producen desconcierto.

3. El arcángel Uriel, cuyo nombre significa:

"Luz de Dios."

Uriel atrae luz divina a nuestras vidas. Es maravilloso en la sanación de recuerdos dolorosos, y en transformar nuestros remordimientos y errores para que nos sintamos más fuertes y amorosos. Pídale a Uriel que se lleve sus cargas relacionadas con el pasado. Él aliviará de inmediato su corazón y su mente de viejos rencores hacia usted o hacia los demás.

Este arcángel nos ayuda a ver el amor en situaciones en donde no podemos verlo. Por ejemplo, si tiene dificultades en relaciones con colegas, jefes o clientes, pídale a Uriel su ayuda. Él lo guiará y ayudará a los demás en formas milagrosas para que vean el bien en medio de todo. Con la ayuda de Uriel, ¡puede incluso olvidar la razón por la cual estaba enojado, o sentía temor hacia sus compañeros de trabajo!

Según la leyenda, Uriel le advirtió a Noé sobre el diluvio. Este arcángel nos ayuda en momentos de desastres, tales como: terremotos, tornados y lluvias torrenciales. Pídale a Uriel ayuda cada vez que sienta temor respecto a estas situaciones. Él puede ayudarlo a mudarse a otro lugar o a preparar su casa para que se sienta lo más seguro posible. Uriel también ayuda a las familias a permanecer sanas y salvas durante desastres naturales.

Igualmente, si siente que su vida es como un gran terremoto de cambios, pídale ayuda a Uriel para que oriente de nuevo su mente y sus pensamientos para que recupere su paz mental. Uriel es maravilloso rescatándonos de nuestras crisis auto impuestas, y también nos ayuda a establecer la calma y a centrar nuestras vidas.

Uriel también nos ayuda a realizar nuestras metas y sueños. Él nos ofrece toda su ayuda, incluyendo buenas ideas, manteniéndonos animados y motivados, y ayudándonos a manifestar las necesidades materiales para nuestro proyecto. Invite a Uriel para que se convierta en su socio en cualquier cosa en la que esté trabajando actualmente.

4. El arcángel Rafael, cuyo nombre significa: "Dios sana."

Rafael está a cargo de todas las formas de sanación. Supervisa las necesidades de sanación de la tierra y de sus habitantes. Guía y ayuda a las personas involucradas en el arte de la sanación, incluyendo a médicos, terapeutas, enfermeras, consejeros, ecologistas y científicos. Sin embargo, estos siempre pueden pedir ayuda adicional que el arcángel Rafael siempre está dispuesto a proporcionar.

Si usted trabaja actualmente en una profesión relacionada con la sanación, sería muy útil invitar a Rafael a su vida. Él susurrará la orientación en sus oídos si se siente inseguro sobre el camino a seguir con relación a un paciente. También nos ofrece ideas creativas, y la información necesaria para que podamos ayudar a sanar rápidamente a los demás. Rafael interviene durante las crisis médicas para asegurar que se den las "coincidencias" milagrosas, en cuanto al personal y a los suministros médicos y el tiempo. Este arcángel es maravilloso ayudando a los científicos a crear nuevos avances en las curas médicas. Por eso, es de sabios pedirle ayuda a Rafael con nuestros asuntos de salud que dejan perplejos a la comunidad científica.

Los aspirantes a sanadores son los consentidos del arcángel Rafael, pues él sabe que la tierra necesita muchas de estas personas especiales, y ayuda milagrosamente a estas personas a que prosigan la profesión de su elección. También los ayuda a escoger la mejor escuela y a guiarlos en formas creativas para pagar sus estudios. Entréguele todas las angustias y preocupaciones relacionadas con su carrera como sanador. Él puede ayudarlo con mayor facilidad cuando usted está libre de tensiones y miedos.

Si un ser querido necesita sanación, Rafael es el arcángel a quien debe invocar. Excepto en los casos en que la enfermedad o la muerte sean parte del plan divino de esa persona, el arcángel Rafael puede entregar lo que sea necesario para producir una sanación. Así es que después de invocarlo, puede ser que reciba ideas repentinas, pensamientos o inspiración que le ofrezcan la información apropiada para ayudar a su sanación. Debe prestar atención, y luego seguir estas repuestas inspiradas por los ángeles. Algunas veces, en vez de bajar en picada a sanarnos, nos conducen a encontrar la ayuda humana para las enfermedades y los accidentes.

En otras ocasiones, Rafael podría indicarle que sus pensamientos son los que han activado sus problemas de salud. Por ejemplo, Rafael podría pedirle que le entregue esa vieja ira para que libere su cuerpo de los estragos de sus efectos venenosos. Luego, se sentirá tan cómodo al entregarle su ira como cuando desecha un periódico de ayer. Cuando la ira se va, su cuerpo se siente aliviado de las angustias, y ocurrirá de nuevo una de las legendarias sanaciones de Rafael.

Rafael destila una luz verde esmeralda, hermosamente brillante y clara. Este es el color de la sanación, y también es el color de la energía amorosa del chacra del corazón. Cuando uno invoca a Rafael, es posible ver, con el ojo interior, la luz esmeralda que nos rodea como una lluvia gloriosa de luz resplandeciente. Sienta cómo sus células beben de este baño apaciguador, y siéntase completamente sano y pleno con el alimento de su amor.

Rafael también tiene una segunda especialidad: guía y protege a todo tipo de viajeros. Ya sea una jornada espiritual o un viaje a Europa, invoque a Rafael para facilitar su camino.

Para los ángeles y los arcángeles, no hay trabajo que sea demasiado "grande" o "pequeño." Todos los milagros son de igual importancia para estos seres, cuyo amor por nosotros procede del Todopoderoso. Lo único que piden a cambio, es que les agradezcamos su ayuda, que compartamos su devoción por Dios y que llenemos nuestras vidas de alegría y de servicio.

Ángeles de la naturaleza

El Talmud, texto espiritual de la antigüedad, dice: "Cada brizna de hierba tiene su propio ángel recostado sobre ella diciéndole: 'Crece, crece.'"

Imagínese, entonces, cuántos ángeles hay en su jardín o en un parque cercano. Cada brizna de hierba, cada flor, árbol, grano de arena y gota de lluvia tiene uno o más ángeles cuidando su ciclo de vida. También conocemos a los ángeles de la naturaleza como *hadas* y *devas*. Estos diminutos ángeles entonan hermosos himnos mientras atienden el tesoro creciente de la naturaleza.

Durante mis sesiones de terapia angélica, los ángeles le aconsejan con frecuencia a mis clientes que pasen más tiempo en la naturaleza. Una razón por la cual prescriben la "terapia de la naturaleza" es debido a su rápido efecto sanador. Imagínese sentado bajo la sombra de un árbol rodeado de flores y de pasto. Véase respirando profundamente y meditando en la gloria de Dios, la cual está en su interior y a su alrededor ahora mismo. Visualice a los ángeles de la naturaleza rodéandolo con abrazos y caricias, los cuales sanan cada célula de su cuerpo y cada pensamiento en su mente. Sienta el suave contacto del abrazo amoroso de los ángeles de la naturaleza, mientras se imagina en medio de ellos.

Si me siento estancada, agotada o fatigada, un breve momento en un ambiente natural restaura mi vitalidad y mi visión amorosa. Intente hacerlo en un ambiente que le ofrezca un poco de soledad, tal como un lago o la orilla del mar, una montaña, un sendero en un parque o un área forestal. Incluso, el jardín de un balcón en un apartamento logrará esto en un santiamén. Los ángeles de la naturaleza viven entre las plantas y el reino mineral, no importa el lugar.

Alerte mentalmente a los ángeles de la naturaleza antes de caminar sobre el pasto o el suelo, para que ellos puedan moverse fuera de su camino. Adviértales, también, antes de cortar el césped o de atomizarlo. En verdad, nada puede hacerle daño a un ángel de la naturaleza, puesto que no tienen cuerpos físicos. Tampoco sienten miedo ni hostilidad, pues son puro amor. Sin embargo, uno les demuestra amabilidad y consideración ofreciéndoles un amplio margen de tiempo para que se escabullan de sus pies o de la cortadora de césped.

Los animales también tienen ángeles con ellos. Su perro, gato, pájaro, o cualquier mascota que tenga tiene dos o más ángeles guardianes. Puede comunicarse con los ángeles de sus mascotas cuando las abraza, acaricia o juega con ellas. Sienta la energía amorosa tan especial de estos ángeles magnificentes.

Es posible que usted concuerde conmigo en que su mascota actúa como un ángel en su familia. Muchos animales son designios angélicos de Dios para ofrecernos consuelo, apoyo y compañía a los humanos. Las mascotas también desempeñan funciones celestiales al absorber el estrés de nuestro hogar, al igual que un filtro de aire succiona el humo de una habitación. Los ángeles, como sus mascotas, adoran sentirse amados y apreciados. Ellos piden muy poco y nos dan mucho a cambio.

Cómo invocar a los ángeles para que acudan a nuestra presencia

Algunas veces, veo a personas rodeadas de ángeles. Siempre las detengo y les pregunto si los invitaron intencionalmente. La respuesta es siempre: "Sí, pedí que los ángeles me rodearan." Cuanto más los invocamos, más vienen a nuestra ayuda.

Los ángeles *desean* rodearnos y desean ardientemente ayudarnos. Nuestra alegría les brinda un placer enorme. Sin embargo, no pueden ayudarnos a menos que lo pidamos. Una ley universal a la cual están sujetos los ángeles dice así: "Ningún ángel debe interferir en una vida humana a menos que se le pida, con la única excepción de una emergencia que ponga en riesgo su vida. Un ángel no puede tomar una decisión por un humano, pero, si se le pide, puede ofrecer consejo o una perspectiva distinta respecto a una situación dada." Entonces, un ángel puede darle un codazo o animarlo, y puede crear una coincidencia milagrosa para usted. Sin embargo, no puede ayudarlo a menos que escoja aceptar la ayuda, debido a su libre albedrío.

Para pedir asistencia angélica, no tiene que llevar a cabo una ceremonia de invocación. Dios y los ángeles no son complicados, pues su verdadera naturaleza es amor puro y sencillo. Solamente el ego de nuestro ser inferior cree que la espiritualidad es complicada, al no creer que algo tan poderoso y grandioso pueda ser accesible a todos instantáneamente. No obstante, así es.

Los ángeles escuchan las oraciones que salen de nuestros corazones, y solamente con un grito mental de ayuda, vuelan a nuestro lado. También se puede pedir conscientemente que nos rodeen más ángeles a nosotros o a nuestros seres queridos. Los padres pueden pedir una nana angélica para cuidar y proteger sus niños durante el día. Si un ser querido está de viaje, pídale a Rafael y a los ángeles que lo cuiden durante su jornada.

Pídale a los ángeles que ayuden a sus amigos que necesitan apoyo y guía.

Algunas maneras de invocar a los ángeles incluyen:

Escribirles una carta. Hágalo de corazón, cuénteles sus confusiones, su dolor y sus ansiedades. No se quede con nada, para que ellos puedan ayudarlo en todos los aspectos de sus circunstancias.

Visualizarlos. Ya sea que usted lo llame su ojo interior, su imaginación o su tercer ojo; el término no tiene importancia. Visualizar a los ángeles es una manera poderosa de invocarlos a su lado. Véalos volando en círculos a su alrededor o alrededor de sus seres queridos. Vea ángeles poderosos conglomerarse a su lado. Vea la habitación en donde está, concurrida de miles de ángeles. Estas visualizaciones son innovaciones angélicas que crean su realidad.

Los ángeles resplandecen con la luz del amor, no tienen una forma física. Sin embargo, pueden asumir apariencia física proyectando una imagen mental para nosotros, si esto nos ayuda. Si usted visualiza querubines, grandes seres luminosos, o una mujer angélica vestida de manera hermosa, los ángeles asumirán esa forma para ayudarlo a reconocerlos.

Invocarlos mentalmente. Piense: ángeles, por favor, ayúdenme, y ellos estarán de inmediato a su lado. Si usted los llama con sinceridad, escucharán su grito mental de ayuda. Puede expresar su solicitud con una afirmación tal como: "Ahora mismo, me rodean cientos de ángeles," o con una plegaria: "Ángeles, estoy sufriendo y necesito su ayuda ahora mismo." Puede pedirle a Dios que le envíe ángeles o puede llamarlos directamente.

Hablar con ellos en voz alta. Puede verbalizar su solicitud, y algunas veces lo hacemos inconscientemente, como cuando decimos "¡Dios mío!" en momentos de dolor. Puede descubrir que pasar tiempo en soledad en un ambiente sereno, especialmente en la naturaleza, es una oportunidad maravillosa de tener una conversación en voz alta con los ángeles.

Sabemos que los ángeles están cerca cuando...

Siente su presencia. Quizá sienta un ligero y cálido roce en su rostro, hombros, manos o brazos. Puede sentir su abrazo o el roce de un ala en su piel. Cuando los ángeles entran en una habitación, se siente un cambio en la presión del aire. Además, la temperatura de la habitación puede cambiar, o pueden percibir un hálito de una hermosa fragancia que apenas es posible identificar. Se siente como una condensación palpable, como si una nube deliciosa entrara a raudales para escudarlo del calor. Cuando los ángeles lo abrazan, usted siente una profunda calidez en su pecho, y su corazón se expande con un amor que no es de este mundo.

Los puede *ver*. Las tarjetas de presentación de los ángeles son visibles. Una chispa de luz blanca, azul o verde que se percibe con el rabillo del ojo, señala que un ángel está cerca. Una sombra brillante que se mueve tan rápidamente que uno se pregunta si es su imaginación o es otra señal. Y los hermosos ángeles que observa en una habitación oscura, o detrás de un ser querido o de un maestro, confirman que la visita es del reino angélico.

Escucha su presencia, un susurro amoroso en sus oídos que le implora mejorar su vida. O una advertencia inconfundible: "¡Cuidado!" Una voz en su cabeza que le aconseja que tenga grandes aspiraciones, y dulces melodías que parecen venir de la nada. Estos son los sonidos de los ángeles.

Reconoce su presencia. Cuando tiene una idea dramática que transforma su vida, un ángel le ha entregado un mensaje de parte de Dios y lo ha depositado en su corazón. Cuando sabe sin lugar a dudas que los ángeles están cerca de usted, confíe en que así es.

Experimenta su presencia. Cuando los ángeles evitan una posible tragedia, o cuando se le abre una puerta "por coincidencia" en el momento justo, usted sabe que ellos lo están ayudando tras bambalinas. Cuando camina por la naturaleza y se siente libre y lleno de gozo, puede estar seguro de que los ángeles están caminando a su lado.

Acallar la mente

Nuestro ángel de la guarda habla continuamente con nosotros y nos ofrece su dulce consejo y su guía. Cuando le pedimos conscientemente ayuda adicional e invocamos ángeles adicionales a nuestro lado, recibimos una corriente más estable todavía de comunicación divina.

No obstante, debemos estar conscientes de esta ayuda celestial cuando nos llega, *antes* de que pueda producir sus frutos. Algunas veces, el parloteo y el ruido que llenan nuestros pensamientos hacen que no podamos escuchar la dulce voz de nuestros ángeles. El estruendo de nuestros pensamientos respecto a las cuentas por pagar, la familia y las responsabilidades domina sobre el suave sonido de los ángeles. También ignoramos los mensajes de nuestros ángeles cuando parecen inapropiados respecto a nuestras metas actuales. Por ejemplo, si sus ángeles le imploran que se relaje y se divierta, usted puede ignorar su consejo respondiendo: "no tengo tiempo para eso".

Muchas personas también me dicen que les cuesta trabajo meditar. Ya sea que sienten que no tienen el tiempo para hacerlo, o que sus mentes divagan o se quedan dormidas cuando tratan de meditar.

Aunque la meditación ciertamente facilita escuchar los mensajes de sus ángeles, no es absolutamente necesaria. Hay otras formas de acallar la mente lo suficiente como para escuchar las voces angélicas.

Por ejemplo, puede calmar su cuerpo, sus emociones y sus pensamientos conectándose con la naturaleza. Si puede llegar a habituarse a observar con regularidad por la ventana de su hogar, oficina o automóvil y apreciar un poco la naturaleza (una nube, un árbol o el canto de un pájaro) sentirá una serenidad maravillosa en su interior. Enfoque sus ojos y su mente en este milagro de la naturaleza que se postra ante sus ojos, y sienta su corazón henchido de aprecio y gratitud ante su belleza. Todavía es mejor si pasa un tiempo en medio de la naturaleza. Por supuesto, hacer paseos de campamentos y escalar montañas logran este propósito de manera agradable. Pero, incluso un descanso a la hora del almuerzo en un parque o al lado de una cañada es suficiente para restablecer su conexión con la Madre Naturaleza, con los ángeles de la naturaleza y con sus propios ángeles guardianes.

Otra manera de acallar la mente y el cuerpo es respirar profunda y lentamente dos o tres veces. Inhale tanto aire como le sea posible, luego cuente hasta cinco o diez. Exhale lentamente. Repita estas respiraciones, y ahora, visualice inhalando sensaciones hermosas tales como calma, alegría y paz. Cuando exhale, sienta cómo se libera del estrés, la tensión y las preocupaciones.

Se siente inspirado con estas respiraciones profundas. En otras palabras, se llena de la luz del espíritu. Dannion Brinkley, autor de *Salvado por la luz*, quien tuvo dos experiencias cercanas a la muerte, me dijo en una ocasión que el mundo espiritual se comunica con nosotros a través de nuestra respiración. Cuando inhalamos de manera corta y superficial, no recibimos la profundidad de la comunicación como cuando respiramos verdaderamente profundo. En esencia, la respiración, ¡es nuestra linea telefónica con el cielo!

Las filosofías orientales enseñan una visualización para aquietar la mente en un gran lago de aguas cristalinas. Enfoque su atención en el centro del lago, como si estuviera bajo el agua respirando con facilidad y flotando mientras observa el agua a su alrededor. Advierta los granos de arena bajando lentamente hacia el fondo del lago. Mientras la arena cae, el agua se vuelve perfectamente clara y en total quietud. Sienta su cuerpo y su mente respondiendo a esa quietud, mientras permite que todas sus angustias y preocupaciones caigan y lleguen a su punto de quietud.

El ejercicio físico también tiene un efecto calmante. Los estudios demuestran que después de hacer ejercicio vigorosamente, la química de nuestro cerebro toma una dirección saludable. Después del ejercicio, el cerebro incrementa la cantidad de neurotransmisiones capaces de transformar nuestro estado de ánimo y nuestra energía gracias a la "serotonina." Muchas personas también informan un incremento en sus ideas creativas y en su genialidad mientras hacen ejercicio. Probablemente, el incremento en la respiración durante el ejercicio conlleva a este tipo de *in*-spiración. Intente hacer treinta minutos de una caminata vigorosa, montar en bicicleta o realizar un deporte al aire libre, y descubrirá que la comunicación angélica llega con naturalidad durante y después de hacer esta actividad.

Es más fácil escuchar a sus ángeles cuando está solo, especialmente cuando está en un ambiente natural. Todos necesitamos recesos del mundo para regenerar nuestra energía y recopilar nuestras ideas. Haga una cita diaria con usted, para que su mente no se enfoque en ninguna tarea mundana. Ya sea que se siente en una posición de loto o se ocupe en una actividad creativa tal como la pintura, el canto, el baile o la jardinería, separe tiempo para la comunicación entre usted y sus ángeles.

Cómo escuchar los mensajes de los ángeles

No todo el mundo "escucha" las voces angélicas como sonidos audibles. Muchas personas reciben mensajes divinos a través de métodos no verbales tales como visiones, sentimientos o corazonadas.

Escuchar la voz de Dios y de los ángeles es llamado *clariaudiencia*, lo cual significa "escuchar claramente." La voz puede ser como la suya propia o distinta. Puede emanar de su cuerpo, de su mente o fuera de su cabeza. Cuando un ángel me advirtió que iban a robar mi automóvil, su voz sonó como si estuviera hablando por un tubo, justo al lado de mi oído derecho. Mientras canalizaba los mensajes de este libro, escuchaba las palabras dentro y fuera de mi mente.

Podría escuchar una voz débil y preguntarse qué fue lo que dijo. En tal caso, es mejor pedirle a sus ángeles que repitan el mensaje. Dígales: "Un poquito más alto por favor." Los ángeles aprecian ser reconocidos, pues desean entregarnos una guía clara y comprensible.

Al principio, puede ser que usted crea que la voz es su imaginación o su deseo profundo de que esto ocurra. Esto es especialmente cierto cuando comienza a relacionarse conscientemente con los ángeles. Usted piensa: *"Debe ser una fantasía. Ojalá hubiera de verdad ángeles que vinieran a ayudarme, pero es posible que esté haciendo algo mal y los ángeles no me van a prestar atención"*.

Nos despojamos de este tipo de ideas a través de la fe, la confianza y la práctica. Si su fe en los ángeles es incierta, pídale ayuda a Dios: "Señor, ayúdame a tener más fe. Estoy dispuesto a libertar todos los temores que impiden que mi fe sea total." La divinidad siempre atiende nuestros pedidos de más fe.

Las voces angélicas son consistentemente amorosas y comprensivas, incluso cuando nos advierten de un peligro cercano o de una equivocación. Como sicoterapeuta, fui entrenada para creer que escuchar voces era una señal de locura. Sin embargo, la voz del ego es la única fuente de "locura." Los mensajes de la voz del ego siempre son destructivos, abusivos e impulsivos. Por ejemplo, el ego puede intentar convencerlo de que usted ha fracasado. El ego también cambia de opinión constantemente, le dice una cosa el lunes, otra el martes, otra totalmente distinta el miércoles. Si escucha la voz del ego, su vida será un verdadero caos y estará llena de temores.

Las voces angélicas, en contraste, nos repiten pacientemente su guía hasta que finalmente la seguimos. Por ejemplo, puede escuchar a sus ángeles decirle que usted es un sanador o un escritor maravilloso. O puede ser que ellos le repitan que cuide mejor su estado físico. Usted sabe que la guía proviene de los ángeles cuando es amorosa, enfocada, no es perjudicial para usted ni para su familia, y es consistente.

La clariaudencia es solamente una de las cuatro formas de recibir ayuda angélica. Sus ángeles pueden hablarle en forma de representaciones o de imágenes mentales visuales. A esto lo llamamos clarividencia o "ver claramente." Los mensajes angélicos pueden llegar como una imagen fija, ya sea en su mente o fuera de ella, y pueden ser como escenas es miniatura, como en una película. Las imágenes pueden ser en blanco y negro o a todo color. Los mensajes visuales angélicos pueden ser simbólicos, tales como ver una señal de lo alto para indicarle que debe tomar un descanso, desacelerar o dejar de hacer lo que está haciendo.

Intuitivamente, puede entender fácilmente lo que quiere decir la imagen visual. Por ejemplo, puede ver una imagen de un trofeo y saber instintivamente que esto significa éxito en su camino. Si le cuesta comprender la guía visual de sus ángeles, pídales ayuda para aclarar sus mensajes, y siga pidiendo aclaraciones hasta que esté totalmente seguro de su significado.

Algunas veces cerramos nuestros canales de comunicación angélica debido al miedo. Usted puede ver una imagen de su futuro que lo atemoriza, y cierra su tercer ojo imposibilitando así su clarividencia. Hace muchos años, yo era un ama de casa ignorante que se sentía infeliz porque deseaba hacer una contribución al mundo, pero no me sentía calificada para hacer nada significativo.

Entonces, Dios y los ángeles me ofrecieron imágenes visuales mentales de la vida que se suponía que yo siguiera. Me vi escribiendo libros de autoayuda y apareciendo en programas de entrevistas. Las imágenes me mostraban varios títulos universitarios avanzados. Estas visiones me asustaron mucho porque no me sentía capaz de cumplirlas. Pensaba que carecía de la inteligencia, el tiempo y el dinero para crear la vida significativa que me enseñaban en las imágenes clarividentes.

Descubrí que podía apagar mis visiones comiendo en grandes cantidades. Cuando tenía lleno el estómago, interrumpía mi conexión telefónica con Dios y con los ángeles. Sin embargo, cuando mi estómago digería la comida, me sentía irritable debido al contraste entre mi vida en ese entonces y la vida que se suponía que debía llevar. Afortunadamente, me cansé de esquivar mi guía divina y me rendí ante Dios. Cuando lo hice, Él comenzó a abrirme puertas, una a la vez. Los ángeles dispusieron las cosas para que yo lograra cada una de las partes de mis visiones, de maneras que yo jamás habría planificado ni anticipado.

Una de mis clientas cerró su canal de clarividencia cuando, siendo una niña pequeña, tuvo una imagen visual de sus padres divorciándose en el futuro. Otra clienta cerró su tercer ojo porque predijo que tendría un romance con un colega casado, y ella deseaba continuar con su relación sin tener que reflexionar sobre la verdad tan evidente que tenía ante sí. Otra de mis clientas estaba tratando de ignorar una voz angélica constante que la aconsejaba: "Es hora de buscar empleo en otro lugar", debido a que no confiaba en que Dios podría satisfacer sus necesidades materiales durante la transición de empleos.

Usted también podría cerrar su clarividencia si tiene miedo de lo que *podría* ver. Por mucho que desea ver a sus ángeles en persona, podría sentir el temor, profundamente escondido, de que sería terrible ver a un "fantasma". Sus ángeles honran dichos temores, por eso usted no verá apariciones angélicas a menos que sienta la confianza de que dicha visión sería reconfortante y no atemorizante para usted.

La tercera forma en que recibimos guía angélica es por medio de nuestras emociones y sensaciones físicas. Esto lo llamamos *clarisensibilidad* o "sensaciones claras." Las personas clarisensibles reciben la guía divina a través de sensaciones corporales, tales como presiones en la quijada, los puños, el estómago o los órganos sexuales. Ellos conocen intuitivamente el significado específico de estas reacciones. Un clarisensible siente los cambios en la presión de aire y en la temperatura de una habitación que le advierten de situaciones negativas.

Cada uno de nuestros cinco sentidos tiene un sentido espiritual correspondiente. Los clarisensibles reciben guía angélica a través de un sentido etéreo del olfato, el gusto y el tacto. Usted sabrá que su abuela muerta está cerca cuando huele su perfume o su flor favorita. Un ángel puede invadir su cuarto con aroma de azahar para avisarle que hay una boda en su futuro.

Los clarisensibles reciben mucha guía a través de su intuición, corazonadas y presentimientos. La mayor parte de nuestra intuición proviene de la región del estómago, y éste se agita, se relaja y se tensa de acuerdo a la guía angélica. Instintivamente, el clarisensible interpreta el significado de estas corazonadas, y si éste es *sabio*, seguirá las direcciones internas sin dudar.

Los clarisensibles reciben mensajes angélicos a través de su corazón y de sus emociones amorosas. Si su pecho se hincha de sentimientos cálidos de alegría, es una señal de Dios y los ángeles. Usted podría decir: "¡Oh! Esto es demasiado bueno para ser real, debo estar soñando", pero la alegría producto de sus pensamientos es como un mapa que lo lleva a la vida que debería llevar.

El cuarto método de comunicación angélica lo llamamos *clariconciencia* o "conocimiento claro." Los hombres son a menudo clariconscientes y ni siquiera se dan cuenta de que están recibiendo, detallada y naturalmente, información de Dios y de los ángeles. Usted puede preguntarle a un clariconsciente sobre casi cualquier tema en el mundo. A los pocos minutos, obtendrá una respuesta exacta, completamente apoyada por hechos y estadísticas. Si se da el caso de que usted pregunte: "¿Y cómo sabe usted todo eso?" él le responderá: "¡No sé, hace unos minutos desconocía esa información".

Los clariconscientes saben, sin saber que saben. En consecuencia, pueden dudar de la validez de su sabiduría. Esto es un error, porque cuando la sabiduría divina entra en nuestra mente, es un don que podemos usar para mejorar nuestra vida y servir al mundo.

Todos tenemos acceso a estos cuatro canales de comunicación. Por lo general, tenemos un medio principal de recibir guía angélica y uno secundario o menos usado.

Con práctica, usted puede convertirse en un adepto a recibir mensajes de las cuatro maneras. De todas formas, en las primeras etapas de comunicación con sus ángeles, algunas personas se concentran en su medio natural de comunicación.

Las personas naturalmente orientadas hacia la visión desean prestar atención a sus visiones mentales. Si usted tiende a enfocarse en los sonidos, entonces escuche palabras interiores o exteriores, voces y mensajes auditivos. Si tiende a ser del tipo de persona que ama el contacto físico, sus emociones y sensaciones físicas son el instrumento que le transmite la guía divina. Si es una persona inclinada hacia los asuntos intelectuales, o una persona que está en búsqueda constante de significados escondidos en situaciones, entonces deseará supervisar sus pensamientos en busca de momentos celestiales de "sabiduría" que le brinden certeza para guiar sus acciones.

Algunas maneras de comunicarnos con los ángeles

Los ángeles dicen:

"No es difícil oírnos si nos escuchan con el corazón abierto. La mayor parte del tiempo, estamos más cerca de ustedes de lo que pueden imaginarse. Un susurro, un pensamiento, es la única señal que necesitamos para iniciar una conversación. Sentimos mucho respeto por lo que está ocurriendo aquí en el planeta Tierra en este momento. Jamás intentamos intervenir con sus vidas, solamente atraerles bendiciones de enseñanzas y nuevas formas de verse a sí mismos."

Puede comunicarse con los ángeles en una variedad de formas, incluyendo la escritura automática, las cartas oráculas y la comunicación intuitiva o psíquica. Es importante escoger un estilo de comunicación hacia el cual se sienta naturalmente atraído. Cualquier cosa a la que se sienta forzado o le produzca temor bloqueará su habilidad de escuchar con claridad los mensajes de sus ángeles. También, la comunicación con los ángeles toma un poco de práctica y paciencia al principio. Por esta razón, es bueno intentar métodos con los cuales persista durante un tiempo.

Al leer las siguientes descripciones, preste atención a sus reacciones ante cada método. Pregúntese: "¿Me siento feliz o emocionado de intentarlo? O, ¿me siento indiferente o negativo ante este método?" Luego, intente el método que le atraiga.

Escritura automática

Los mensajes de los ángeles en este libro me fueron enviados a través de este proceso. Significa que los ángeles escriben, literalmente, su mensaje a través del canalizador. La escritura automática puede involucrar un tipo de dictado, en el cual usted escucha las voces angélicas y luego escribe lo que escucha. Puede escuchar la voz dentro o fuera de su mente. Puede sonar o no como su propia voz. En esta forma de escritura automática es probable que esté consciente de lo que escribe.

Otro tipo de escritura automática involucra a los ángeles empujando físicamente su mano, mientras usa un lápiz o teclea en un teclado. La mayoría de las personas que escriben automáticamente de esta manera, están inconscientes de las palabras que escriben. Esta es la forma de escritura automática usada en este libro.

Puede probar esta segunda forma de escritura automática siguiendo los pasos siguientes:

1. Programe una fecha y horas concretas en donde intentará canalizar por medio de la escritura automática. Mentalmente, pídale a sus ángeles que se preparen para esa cita. Luego, asegúrese de cumplir con su horario programado.

2. Escoja un lugar tranquilo en donde no será interrumpido. Apague el teléfono y ponga un aviso en la puerta para que nadie haga ruidos que puedan bloquear el flujo de su comunicación. Es mejor tener música de fondo suave o sonidos de la naturaleza, y también una fragancia agradable tal como flores frescas o incienso.

3. Si planifica intentar la escritura automática con un lápiz, entonces necesita sentarse cómodamente con

el lápiz sobre una hoja de papel o una superficie plana. Cuando comience a usar la escritura automática, debe ser condescendiente consigo mismo. No intente hacerlo sobre una libreta en el piso, o sobre su regazo o en cualquier posición en donde el lápiz no se deslice con facilidad.

Algunos escritores automáticos usan lapiceros; sin embargo, tradicionalmente se usa el lápiz, pues no se resbala ni se corre la tinta. Hace varios años, se usaban "plaquetas" para sostener los lápices de los escritores automáticos. Las plaquetas son triángulos de madera con un hoyo en el centro, apoyado por tres balineras que permiten un movimiento suave en cualquier dirección. El lápiz es colocado firmemente en el hoyo de la plaqueta, y el mundo espiritual guía la mano del canalizador para deslizar la plaqueta, muy similar a como funciona un tablero de Ouija.

Usted puede optar por conducir una sesión de escritura automática con una computadora o una máquina de escribir en vez de lápiz y papel. No es necesario preparar un ambiente especial aparte de una silla, un escritorio y un teclado normales.

4. Asegúrese de estar cómodo. Es mejor usar ropa no apretada y es importante canalizar con el estómago vacío sin la influencia de estimulantes (café, bebidas gaseosas, azúcar, hierbas, chocolate) ni depresivos (comidas pesadas, alcohol, drogas, hierbas).

5. Respire profundamente dos o tres veces. Haga una oración tal como el *Padre Nuestro*, o una afirmación tal como: "Me veo rodeado de luz blanca y amor divino. Estoy a salvo, protegido y amado." Puede ser que desee pedirle al Arcángel Miguel que supervise su canalización, especialmente al principio, mientras no sea capaz

de distinguir entre un espíritu aferrado a la tierra de un ángel. Miguel actuará como un portero que sólo permite a los invitados entrar a su territorio.

6. En este punto, es posible que sienta de inmediato que comienza la canalización. No se atemorice. La primera vez que intenté la escritura automática con un lápiz, éste comenzó a moverse rápidamente por su cuenta, lo cual me dejó perpleja. Mi miedo bloqueó entonces durante un largo tiempo el proceso de canalización.

Al comienzo, el lápiz puede hacer garabatos circulares. Estos círculos es la manera de los ángeles de expresar su gran alegría al conectarse con usted. Después de que se hayan acostumbrado a trabajar juntos, las letras, las palabras y las oraciones aparecerán a través del lápiz. Usualmente, sin embargo, el lápiz escribe círculos durante los primeros dos o tres días que lo intente.

También puede ser que escuche una voz interior y sienta un impulso de escribir lo que escucha. La escritura automática también puede asumir un enfoque más táctil. Si está escribiendo en un teclado, la sensación puede ser como cuando un maestro de piano toma sus manos y empuja sus dedos sobre las teclas apropiadas. O, podría recibir impulsos intuitivos que le otorgan la sensación emocional de lo que debe escribir. Sus mensajes angélicos también pueden llegar como visiones, y puede sentirse guiado a escribir lo que ve. Si es clariconsciente, recibirá trozos de información de los ángeles. Tendrá certeza de los hechos de su sabiduría, sin saber "cómo" lo sabe.

Los canalizadores que entran en trance o en semitrance no están conscientes de la escritura que pasa a través de ellos. Un canal que entra en trance total, en realidad pierde la conciencia de lo que ocurre a su alrededor. Siente que ha sido levantado de su cuerpo mientras que el mundo espiritual canaliza a través de él. Mi canalización ocurre en un estado de semitrance, en donde estoy consciente de "mi presencia", pero inconsciente de la mayoría de los mensajes que llegan a través de mí. También pierdo el rastro del tiempo y del lugar en donde estoy durante la mayoría de mis canalizaciones. Cuando pienso que han pasado viente minutos, en verdad pueden haber transcurrido algunas horas.

El punto principal de la escritura automática es dejar fluir cualquier sensación que reciba. Sus impresiones pueden venir en visiones, palabras, información o sensaciones emocionales o físicas. O puede recibir una combinación de estas diversas comunicaciones. La práctica hace que uno perfeccione la escritura automática, así es que no se desanime porque sus primeros mensajes no parezcan coherentes. Si recibe mensajes superficiales, está bien también. Al principio, lo más importante es concentrarse en familiarizarse con el proceso de la escritura automática. Luego, avanzará naturalmente hacia comunicaciones más significativas del mundo espiritual.

Cuando se canse, se sienta desorientado o sienta algún dolor, es importante dejar de canalizar. Muchas personas limitan su tiempo de canalización a una hora o menos al principio. Permita que a través del tiempo los periodos de escritura automática lleguen a ser más largos.

Si se descubre canalizando a un espíritu que lo menosprecia, o que lo incita a hacer algo que le cause dolor a usted a alguna otra persona, deténgase de inmediato. Usted no está canalizando ángeles en ese momento. Ellos jamás le darían mensajes que le puedan causar dolor emocional, físico o psíquico. Invoque al arcángel Miguel y pídale que se lleve lejos al espíritu aferrado a la tierra que usted está canalizando. No luche contra el espíritu con miedo o ira, más bien ore y visualícese rodeado de luz blanca antes de intentar otra sesión de canalización. Su mejor aliado en el proceso de canalización es su determinación de canalizar solamente amor. Nada que provenga del amor puede jamás perjudicarlo.

Trabajo interior durante el sueño

Tal como los ángeles lo explicaron con claridad en su capítulo titulado "Sueños", nos relacionamos mucho con el reino angélico durante nuestros sueños. Usted incrementará el número de mensajes de sus ángeles y la velocidad de su trabajo de purificación simplemente invitando a los ángeles a sus sueños.

Por ejemplo, si está indeciso sobre la dirección de su carrera, diga mentalmente una oración similar a la siguiente, mientras descansa su cabeza sobre un cojín:

> *"Ángeles, por favor, entren en mis sueños esta noche y entréguenme mensajes claros, los cuales recordaré con el fin de saber qué dirección debo tomar respecto a mi carrera."*

Ellos siempre cumplen con esta solicitud, y es probable que usted tenga un sueño lúcido que pueda recordar fácilmente, en la hora justo antes de despertarse. O, los ángeles pueden ayudarlo durante su sueño de forma que no recuerde su contenido. Sin embargo, usted se despierta y sabe que algo cambió en su interior durante la noche. Se siente más feliz, más positivo y mucho más claro respecto a la decisión que debe tomar. Esta es una señal de que los ángeles han reordenado sus ideas y creencias, para ayudarlo a liberar temores que lo mantengan indeciso respecto a su carrera.

Si se siente bloqueado en cualquier área de su vida,

escriba el tema en un pedazo de papel y colóquelo bajo su almohada. Repita esta frase mentalmente tres veces mientras se queda dormido:

"Queridos ángeles:

Les pido que trabajen conmigo en mis sueños esta noche, para disipar cualquier bloqueo que impida que disfrute por completo mi vida. Por favor, hagan que yo vea esos bloqueos, o remuévanlos totalmente de mi mente, mis emociones y mi cuerpo durante mis sueños de esta noche. Gracias."

En la mañana, se despierta refrescado pero consciente de que ha trabajado durante la noche. Puede no recordar los detalles de su trabajo nocturno con los ángeles, pero lo sentirá en lo más profundo de su ser. Es posible que sienta algo raro en su cabeza, debido a la reestructuración que ha ocurrido durante la noche. No obstante, cualquier bloqueo que los ángeles hayan acarreado con ellos, era como una carga pesada que le impedía cumplir con el plan y el propósito de su vida. Sentirá gratitud por haber pedido esa purificación, y podría desear invitar a los ángeles todas las noches a sus sueños.

Herramientas de adivinación

Las cartas oráculas y los péndulos ofrecen medios tangibles para comunicarse con los ángeles. Si usted es clarisensible, es decir, recibe la intuición a través de sentimientos físicos y emocionales, estos métodos serán bastante naturales para usted.

Cartas oráculas. Puede conseguir cartas oráculas con temas de ángeles en la mayoría de las librerías. Existen diferentes marcas y usted se sentirá atraído hacia uno o dos juegos en particular. Este impulso interior le ayudará a decidir cuál juego comprar, pues le indicará hacia cuáles cartas siente afinidad y resonancia natural. Muchas librerías metafísicas tienen muestras de los juegos de cartas, para que puedan ser examinados antes de tomar la decisión sobre la compra final. Algunos juegos de cartas oráculas de ángeles tienen pinturas a todo color de arcángeles, querubines y serafines, así como algunas palabras o frases que describen el significado de cada carta en particular.

Para comunicarse con los ángeles usando cartas oráculas, medite mientras baraja el naipe y pídale mentalmente ayuda a sus ángeles. Mientras baraja, puede hacer preguntas específicas, solicitándoles que le ofrezcan guía sobre su vida, o pidiéndoles que lo ayuden a predecir su futuro.

Los ángeles le dirán cuándo debe dejar de barajar el naipe. Si usted es clarisensible, *sentirá* cuándo es el momento de dejar de hacerlo. También sentirá cómo debe disponer las cartas y por cuál carta debe empezar. Si es clariaudiente, escuchará a los ángeles diciéndole que deje de barajar el naipe. Sus voces pueden expresar un número tal como "siete", señalándole que debe sacar siete cartas. Los clarividentes ven señales visuales, como cartas, sobresaliendo del naipe en una cierta forma mientras las baraja, como una señal para disponerlas. La orientación visual también le dice a los clarividentes cuáles cartas sacar. Los clariconscientes saben cuándo es el momento apropiado para disponer las cartas y cuáles cartas sacar.

Las personas que combinan sus canales de comunicación, usan una variedad de sentidos espirituales mientras barajan las cartas y las disponen. Por ejemplo, por ser yo clarisensible, siento cuándo debo dejar de barajar y me dicen cuántas cartas debo disponer. Por medio de mi clarividencia veo el significado de las cartas que saco. Por medio de la oración y la práctica, cualquiera puede convertirse en un talentoso adepto a la lectura de las cartas oráculas, *especialmente,* con la ayuda de los ángeles.

Usted puede disponer las cartas oráculas de los ángeles de acuerdo a las formaciones sugeridas en el librillo de instrucciones que viene con el naipe. Por ejemplo, una disposición clásica consiste en sacar tres cartas. La primera representa las circunstancias de la vida actual. La segunda representa un obstáculo o reto que debe superar, y la tercer carta revela el mejor resultado posible una vez que logre superar el reto.

Yo uso varios naipes diferentes simultáneamente. Dispongo una fila de cartas del primero horizontalmente. Luego, dispongo otra fila horizontal debajo del segundo juego y así sucesivamente. Una vez que he dispuesto cinco juegos de cartas, leo las cartas verticalmente. Miro la primera carta en la esquina superior izquierda y sé que ése es el asunto más importante para mi cliente. Luego, observo las cartas verticalmente bajo la primera carta y busco un "tema" común a las cartas en cada fila. Cada tema de una fila vertical me dice una historia sobre el propósito de la vida de mi cliente, sus bloqueos emocionales y su futuro.

Péndulos. Se trata de un cristal o de una piedra preciosa, como el jade, colgando de una cadena fina o de una cuerda en satín. Usted sostiene la cadena o la cuerda y deja que la piedra oscile hasta que se quede quieta. Cuando le hace preguntas a sus ángeles, la piedra se moverá en cierta dirección si la respuesta es un "sí" y se moverá en otra dirección si la respuesta es un "no." Para descubrir cuál dirección significa "sí" y cuál significa "no," haga una pregunta de la cual ya conoce la respuesta, por ejemplo: "¿Me llamo Susana?" o "¿Vivo en Ohio?" Observe la dirección hacia la cual se mueve la piedra, y así establecerá el patrón de "sí" y "no".

Una vez que ha establecido el "lenguaje" del péndulo, puede pedirle a los ángeles que le respondan a sus preguntas. Descubrirá que una respuesta de un "sí" o "no" rotundos, hará que la piedra oscile de forma intensa y extrema. Algunas personas, a través de la práctica y la intuición, pueden determinar respuestas más detalladas que un "sí" y "no" según el movimiento del péndulo.

Pedir señales

En sus meditaciones, pídale a sus ángeles que le entreguen una señal clara como respuesta a sus oraciones. Por lo general, es mejor no decir qué clase de señal en particular se desea. De esa suerte, sus ángeles le enviarán señales inequívocas. Notará y sabrá que esa es la señal que ha pedido. La señal puede llegar por medio de la naturaleza, como una pluma que cae del cielo, un pájaro surcando los cielos cerca de usted o un arco iris. La señal puede provenir del éter, como una fragancia, música o una luz repentinas sin origen físico. Las señales de los ángeles también incluyen oportunidades que salen de la nada, como una llamada telefónica o la llegada de una carta con buenas noticias, o un libro que se cae de su estantería a su paso. También pueden llegar señales físicas, tales como: una visión, un sueño, una voz o una corazonada.

Sea cual sea la señal que obtenga, *confíe en ella*. Sepa que los ángeles siempre responden sus oraciones, solicitudes y llamados. Lo único que tiene que hacer es pedir.

Canalización oral

Los ángeles hablarán *a través* de usted, si así lo desea. Cuando canaliza verbalmente a los ángeles, sus mensajes se expresan con su boca y su voz.

Algunas veces, durante mis sesiones, canalizo a los ángeles de mis clientes en vez de transmitir sus mensajes. Mis clientes saben que cuando los mensajes en nuestras sesiones contienen frases como: "Creemos que disfrutarías..." o "Te aconsejamos que..." es que son los ángeles que están hablando y no yo.

Si usted es un sanador, o está involucrado en las artes creativas, es probable que haya canalizado a los ángeles. Quizá usted estaba hablando, sanando o creando, y de repente le llegó una nueva idea maravillosa. Después se preguntó: "¿De dónde salió eso?" La respuesta es, por supuesto, de los ángeles.

Para canalizar verbalmente a los ángeles, use las técnicas de oración para el descanso y la protección descritas en la sección de "escritura automática." Mantenga la clara intención mental de su deseo, de que los ángeles hablen a través de sus cuerdas vocales y de su boca. Permanezca en un estado mental relajado y positivo, pues el escepticismo bloquea la comunicación de los ángeles a través de usted.

Cuando sienta el impulso de hablar, no deje que su mente divague sobre temores o dudas. Simplemente, comience a hablar con sentido de confianza o de aventura. Es como montar por primera vez en bicicleta. Los ángeles usarán su vocabulario cuando hablan a través de usted, como si estuvieran tecleando para formar mensajes coherentes. Algunos canalizadores orales son conscientes de los mensajes transmitidos a través de ellos; otros no lo son. De cualquier manera, es buena idea grabar sus canalizaciones, o hablar con otra persona para revisar más tarde su canalización hablada.

Sabrá que está canalizando ángeles por sus distintivos delatores:

- *Una frecuencia fina muy elevada*. Su cabeza puede sentir presión, como si estuviera cantando una nota muy alta.

- *Palabras, frases y mensajes amorosos y positivos*. Los ángeles pueden advertirle de un peligro o pedirle que deje un hábito indeseado. Pero, siempre, sus palabras y consejos son del estilo de alguien que orienta, con frases como: "puedes hacerlo".

- *Mensajes consistentes y reforzados y secuenciales*. Sus ángeles le pedirán que complete un paso a la vez cuando le aconsejan que mejore su vida. Le pedirán pacientemente que realice cada paso, y podrían repetirle el mismo mensaje hasta que usted termine de hacer lo que ellos le han pedido. Después de que usted haya dado cada paso, ellos lo aplaudirán y le sugerirán el siguiente paso a tomar.

Escuchar el nombre del ángel de la guarda

Usted se relaciona con cientos e inclusos miles de ángeles distintos a lo largo de su vida. Algunos grupos de ángeles con los cuales trabaja usted, permanecen constantes. En otras ocasiones, le acompañarán ángeles totalmente nuevos.

Los ángeles no buscan la gloria personal pues saben que todos estamos unidos con Dios; a ellos no les interesa obtener el crédito por sus obras celestiales. Por esta razón, la mayor parte del tiempo, usted no percibe las características personales de los ángeles individuales que lo están ayudando. Puede, sin embargo, llegar a conocer a sus ángeles de la guarda, los cuales están con usted desde su nacimiento físico hasta su muerte.

Sus ángeles de la guarda tienen nombres, A veces, son nombres parecidos a los de los humanos. Por ejemplo, mi ángel de la guarda se llama "Frederique." Otras veces, los ángeles tienen nombres descriptivos tales como "Alegría" o "Paz." Pregúntele los nombres a sus ángeles. Luego, permanezca en silencio y escuche. La respuesta puede llegar intuitivamente por medio de uno de sus sentidos: escuchará una voz, verá una visión, o sencillamente "sabrá" el nombre. Si el mensaje no es lo suficientemente claro como para escucharlo, dígale a sus ángeles que le repitan sus nombres hasta que le queden claros. Nunca tema que sus ángeles puedan ofenderse o salir corriendo si usted dice: "¿Podrías repetirme tu respuesta un poco más alto por favor?"

Conocí a una mujer que un día decidió preguntarle el nombre a su ángel mientras conducía de la iglesia a su casa. Después de preguntar: "¿Cuál es tu nombre?" la mujer escuchó una vocecita en su mente y en su corazón: "Ángel." La mujer pensó: "¡Ángel! ¿Cómo puede un ángel llamarse 'Ángel'?" Entonces le pidió a su ángel que repitiera la respuesta un poco más alto y con mayor claridad, para asegurarse de que esta vez si entendiera bien. De nuevo la mujer escuchó la misma respuesta: "Ángel."

La mujer pensó que era un nombre extraño para un ángel, como llamar a un gato "Gato." Entonces le pidió a su ángel que le enviara una señal si "Ángel" era su verdadero nombre. En ese instante, la mujer se sintió atraída a mirar hacia su derecha mientras conducía. Ahí mismo, al frente de ella había un aviso muy grande que ella jamás había advertido: "Motel Ángel." Así fue que tuvo la certeza de que el nombre de su ángel de la guarda era "Ángel."

Confiar en los ángeles

" Sabía que eso era lo que mis ángeles me estaban diciendo!"

Mis clientes repiten esta frase prácticamente a diario, en una forma u otra. Cuando les transmito lo que escucho que dicen sus ángeles, a menudo admiten que ya estaban conscientes de este consejo. Puede ser que los ángeles le hayan sugerido a mi cliente que deje su empleo, que cuide mejor de su cuerpo, que perdone a su padre o que se mude a otro lugar. Con mucha frecuencia, mis clientes admiten la sabiduría del consejo angélico, luego añaden un "pero..."

"Pero no tengo suficiente tiempo o dinero."

"Pero podría sentir que he fracasado y sentirme humillado, y las cosas estarían peores que ahora."

"Pero, ¿qué tal que los ángeles estén equivocados?"

"Pero, ¿qué tal que Dios esté tratando de embaucarme hacia una vida de pobreza, austeridad y sufrimiento?"

Al igual que la Ley del Libre Albedrío impide que los ángeles lo ayuden a menos que lo pida, la misma ley infiere que tenemos el derecho de aceptar o rechazar la ayuda angélica que nos es ofrecida. La mayoría de nosotros no rechazaría conscientemente la ayuda de un ángel. No obstante, podemos permitir por error que el miedo nos convenza de que no debemos aceptar los bienes ofrecidos.

Después de todo, muchos de nosotros crecimos aprendiendo que no es correcto aceptar regalos gratis. Pueden habernos regañado por no decir "gracias" cuando alguien nos ofreció un regalo. O quizá aprendimos: "No recibes algo sin dar nada a cambio", y sentimos sospechas cuando alguien, incluso un ángel, nos ofrece ayuda. Podríamos preguntarnos: "¿Dónde estará la trampa?" como si Dios nos pidiera que le devolviéramos el favor en formas que tienen que ver con sufrir o pasar dificultades.

¡Usted *merece* la ayuda de Dios y de los ángeles! Usted es un hijo precioso y sagrado de Dios, y todos merecemos cosas buenas.

Si usted tiene o tuviera hijos, ¿no desearía lo mejor para ellos? Además, tenga en cuenta que nuestro ser superior está eternamente conectado con Dios. Por lo tanto, en esencia, cuando Dios nos da, se está dando a Sí mismo.

Jamás piense que los ángeles están demasiado ocupados para ayudarlo. No crea ni por un momento que sus necesidades son demasiado triviales o insignificantes para que el reino del cielo intervenga. Esto sería solamente nuestro ego inferior alejando la ayuda, debido a sus sentimientos arraigados de indignidad. Su verdadero ser sabe que usted es muy, muy valioso. Su verdadero ser sabe que todos somos parte de la perfección que es Dios.

Si se siente extraño pidiendo y aceptando la ayuda divina, pídale a sus ángeles que lo ayuden a cambiar esa tendencia. Ellos pueden sanar la baja autoestima y cualquier característica de su personalidad que lo haga sufrir. Alejan gustosos cualquier obstáculo que bloquee su total realización, que es su herencia divina de nacimiento, regalo de su sagrado Creador.

Entorno celestial

Sus ángeles están con usted dondequiera que vaya, y a ellos no les preocupa el lugar en *donde* usted decida hablarles. Pero, hay ciertos tipos de entornos que facilitan escuchar sus voces.

Cuando comencé a hablar con mis ángeles, me suplicaron que comprara música clásica y flores frescas para mi oficina. Yo rechazaba la idea de gastar mucho dinero en flores que pronto se marchitarían, o en música que podía escuchar gratis en la radio. De todas maneras, los ángeles me pidieron que me detuviera en una floristería, y que luego fuera a una tienda de música y comprara un disco. ¡Fueron bastante específicos!

Finalmente, les pregunté de qué se trataba todo esto. Ellos me explicaron que, a pesar de que las estatuas y los cuadros de ángeles que tenía en mi oficina preparaban la atmósfera para las conferencias angélicas, sería mucho mejor si la decoraba con objetos del reino *invisible*. La música, las fragancias y los colores estaban compuestos de vibraciones que llevaban nuestras mentes a un nivel más elevado, en donde podíamos comprender con mayor facilidad los mensajes de nuestros ángeles. La música de la radio está bien, pero todas las interrupciones de los comerciales interfieren con la música que proviene de los ángeles.

Entonces, compré discos de Beethoven, Händel y Vivaldi. Muchos compositores barrocos tienen fuertes conexiones con la espiritualidad. Por ejemplo, Antonio Vivaldi fue un sacerdote que pasó su vida enseñando música a huérfanos. George Händel le dijo al rey de Inglaterra que los ángeles lo ayudaron a componer su famoso "Mesías." Sentía que la música había sido canalizada a través de él de parte de los ángeles. Comprendí de inmediato por qué estaban tan ansiosos de que me rodeara con la gloriosa música de cámara.

Meses después, descubrí evidencia científica que apoyaba lo que mis ángeles ya sabían. Hay más recuentos de telepatía estadísticamente comprobados cuando las personas tocan música suave en su habitación. También observé que cuando toco música de sonidos de la naturaleza, mi mente se eleva como si de verdad me encontrara en ella.

También seguí el consejo de los ángeles y compré las flores con fragancias más intensas que pude encontrar, las cuales resultaron ser los nardos y las azucenas. Estas hermosas flores perfumadas elevaban mi alma. Me encantaba su fragancia de tal manera que traje un jarrón de flores de mi oficina en la casa, a mi mesita de noche para poder olerlas toda la noche. Las flores siempre inspiran sueños maravillosos y facilitan la relación con los ángeles.

En la actualidad, también quemo incienso cuando me contacto conscientemente con los ángeles. El incienso con delicioso aroma floral también eleva el alma e incrementa las vibraciones para canalizar con mayor facilidad.

La iluminación también es parte del reino invisible, puesto que los rayos y el resplandor emitido por las velas y los focos de colores no son tangibles. Los ángeles sugieren que use una variedad de luces en su área de meditación. Ellos resuenan con cualquier tipo de iluminación que sea suave y natural, pero también aprecian las luces de colores divertidos porque proyecta un ambiente de regocijo. ¡Y usted ya sabe lo mucho que les gusta a los ángeles que nos calmemos y disfrutemos de la vida!

Desarrollar el hábito de pedirle ayuda a sus ángeles

Los ángeles dicen:

"Les hablamos continuamente, siempre desde las alturas. Nos reunimos jovialmente con ustedes en los momentos de alegría, y los animamos en los momentos de tristeza. Les imploramos que nos escuchen con mayor atención, pues podemos incentivarlos de maneras aún desconocidas. Los ayudamos en innumerables y variadas ocasiones, y nuestras 'gracias' son su felicidad. Cuando se deleitan verdaderamente al abrir sus oídos al Reino Angélico, experimentan una música en su vida que no tiene comparación. Si supieran lo esplendorosa que la vida puede ser en realidad, ¡no esperarían un segundo más para escuchar nuestro llamado!"

Los ángeles desean comunicarse claramente con usted. ¡ Tienen tanto que dar! Pueden ofrecerle información, guía, protección, apoyo moral y una palmadita en el hombro. De hecho, ellos tratan de hacer eso continuamente. ¿Está dispuesto a recibir los bienes gloriosos que le están siendo ofrecidos ahora mismo?

Una manera de volverse más receptivo a la comunicación y a la ayuda angélica, es despejando cualquier bloqueo que pueda tener que esté evitando que las reciba. Escriba, lea y diga la siguiente afirmación varias veces al día, y al cabo de dos semanas, habrá sanado mucha de la resistencia que siente hacia la ayuda angélica:

"Acepto con agradecimiento la bondad en mi vida."

"Estoy dispuesto a liberar todos mis temores relacionados con recibir amor."

"Me siento seguro recibiendo amor y cuidados."

"Merezco amor y ayuda."

Si está acostumbrado a cuidar de todo el mundo, necesitará paciencia consigo mismo mientras desarrolla el nuevo hábito de aceptar ayuda de los ángeles. Algunas veces no se siente seguro de recibir ayuda. Quizá teme que si no hace todo por sí mismo, los demás no necesitarán de usted. También puede sentir miedo de perder el control de la situación si no está a cargo de todo. Puede preocuparse de que los ángeles estén demasiado ocupados para ayudarlo, o que usted no "merezca" ayuda angélica. O, puede ser que usted haga las cosas de forma automática y necesite recordar pedirle ayuda a sus ángeles.

Todos estos bloqueos a la intervención angélica son comprensibles y muy, muy normales. Si se olvida de pedirle ayuda a sus ángeles, coloque recordatorios visuales en su hogar, su auto y su oficina. Las estatuas, tarjetas y carteles de ángeles son claves para activar su memoria cada vez que necesita ayuda.

Si está consciente de que muy en lo profundo de su ser, tiene bloqueos que impiden que pida ayuda, los ángeles pueden despejarlos:

Si necesita más fe o creer más, ¡pídale a Dios y a los ángeles que lo ayuden!

Si siente que no merece la intervención divina, ¡pídale a Dios y a los ángeles que lo ayuden!

Si se preocupa porque sus problemas sean demasiado "triviales" para la ayuda celestial, pídale ayuda a Dios y a sus ángeles de todas maneras. Recuerde que Dios y el Reino Angélico pueden ayudarlo simultáneamente, pues a ellos no los limita ni el tiempo ni el espacio. Su solicitud de ayuda divina no aleja a Dios ni a los ángeles de nadie más.

Sea lo que sea que necesite, ¡Dios y los ángeles pueden ayudarlo!

Recuerde: Dios y los ángeles lo aman, y a ellos les encanta ayudarlo para que sienta, disfrute y ame con facilidad.

Purificar los canales de la comunicación divina

Los ángeles dicen:

"Pueden escucharnos con mucha mayor claridad cuando purifican el aire que los rodea. Consideren que la comunicación divina llega a través de la niebla, que es en verdad la zona intermedia que diferencia un reino espiritual de otro. Mientras más fina la niebla, más clara la comunicación entre nosotros; pero una niebla densa no deja que escuchemos sus pensamientos ni veamos sus obras, y es probable que esto cree malos entendidos respecto a nuestras intenciones hacia ustedes. Sentimos alegría cuando se purifican a su máximo potencial, pues así estamos mucho más accesibles para ustedes, cuando la niebla a su alrededor es refinada y purificada."

Cuando los ángeles hablan de "purificar el aire a su alrededor" no se refieren a limpiar el aire en el sentido tradicional. Lo que quieren decir, es que sus pensamientos y su estilo de vida afectan su aura y el campo de energía a su alrededor. Es como limpiar la energía estática de una linea telefónica, para que usted pueda escuchar mejor a sus interlocutores. La comunicación angélica es más fácil de comprender cuando usted purifica su aura y su campo energético.

Todos los pasos de purificación son mejores si provienen de su deseo y su voluntad. Es mejor no forzarse a tomar ningún paso si siente que está "negándose a sí mismo." Solamente lleve a cabo los pasos para los cuales se sienta listo. Considere estos nuevos hábitos con la alegría de saber que ellos lo llevarán a una mayor comprensión de su propia naturaleza divina.

Purificar sus pensamientos

Los ángeles dicen:

"No les estamos pidiendo que sean santos en la tierra, pero sí que hagan lo máximo para supervisar las palabras, frases e ideas que se expresan a sí mismos y a los demás. Cualquier pensamiento basado en el miedo, tal como: envidia, competencia, resentimiento, sentimiento de víctima o venganza, hace que su energía sea densa y oscura. La falta de perdón hacia sí mismos, hacia una situación, una persona o una figura o agencia pública, ennegrece su aura como un espeso humo."

He visto por medios clarividentes cuál es la forma de los pensamientos. Inmediatamente después que usted tiene un pensamiento, libera un objeto en forma de burbuja con vida propia. El tamaño de esta forma parece corresponder con la cantidad de energía que hay tras esa idea. Las formas de pensamientos sirven a cada uno de sus deseos. Ellas salen al mundo y crean exactamente lo que usted ha pensado.

Por ejemplo, una clienta mía deseaba ardientemente cierto empleo. Durante la entrevista de trabajo, la vi liberando una forma enorme de pensamiento que parecía como una jabón de espuma espeso de 120 por 30 cm. Tenía fuerza propia, y una energía de confianza arremetedora. Cuando mi clienta me llamó una semana más tarde para informarme que había conseguido el trabajo con éxito, no me sorprendí en lo absoluto. La energía que ella había liberado ante el mundo decía: "Este es el trabajo que deseo" y garantizaba que su deseo fuera cumplido.

No existen los pensamientos neutros, ni hay momentos del día en que sus pensamientos no creen formas de pensamientos con sus efectos consecuentes. Sus pensamientos de temor actúan como secuaces sanguinarios que le atraen de regreso terror a su jefe: usted. Sus pensamientos de amor le traen obedientemente situaciones y relaciones gozosas. Usted elige.

Muchas personas que se sienten atraídas a canalizar ángeles, sienten la necesidad de evitar los medios de comunicación negativos. Por lo tanto, dejan de ver televisión, de escuchar la radio o de leer el periódico. Pueden distanciarse de amigos que se quejan de manera crónica, y pueden decidir abandonar una profesión que los hace sentir inconsistentes con una perspectiva positiva.

Canalizar ángeles requiere que nuestros pensamientos estén sintonizados con la frecuencia más elevada del amor. Cualquier preocupación o temor, interfiere con nuestras habilidades como canalizadores, pues estas formas de pensamientos crean estática en nuestra línea telefónica psíquica. En el capítulo llamado "Terapia angélica" puede aprender un método muy efectivo para liberar rápidamente estos pensamientos basados en el ego.

Purificar sus motivaciones. Entréguele sus motivaciones a Dios y a los ángeles y pida que sean purificadas. Puede hacerlo pidiéndole ayuda a Dios. Diga: "Señor, te entrego mis motivaciones y te pido que me ayudes a purificarlas para que estén alineadas con la verdad y con el amor." Al poco tiempo, sentirá mucho alivio, mientras el Amor reorganiza sus pensamientos y sentimientos. Luego, seguirá una profunda sensación de paz y orden.

Su motivación más elevada es glorificar a Dios siempre. Por supuesto, ya que su ser superior es uno con Dios, usted está en verdad glorificando su *verdadero ser,* así como el verdadero ser de cada uno de los hijos de Dios. Las motivaciones del ser inferior ocurren cuando usted desea glorificarse solamente a usted como una persona especial. Todo el mundo es igualmente especial. Entonces, cuando deseamos ser especiales de manera *separada*, activamos el dolor y la soledad que son frutos de la creencia de que estamos separados de Dios y de nuestros semejantes espirituales.

Purificar sus acciones. Antes que todo, pídale a su ser elevado, a Dios y a los ángeles que lo guíen. Comprenda que esta guía divina dirigirá sus acciones desde el poder único del amor. De esta manera, usted se asegura de flotar continuamente en un océano de milagros que lo asombrarán con su belleza. Siempre estará en el lugar justo en el momento justo.

Purificar su hogar. Los ambientes absorben la energía negativa, la cual proviene de una variedad de fuentes basadas en el miedo. Cualquier cosa contaminada con miedo que esté en su casa: periódicos, revistas, correo, programas de televisión, programas de radio, discusiones entre los miembros de la familia o pensamientos de miedo sostenidos por ocupantes anteriores de la casa, puede atraer energía oscura en sus alrededores. Es buena idea desbloquear su hogar, oficina o cualquier entorno que usted frecuente. Desbloquear permite que la luz circule libremente y que eleve la energía de sus entornos al nivel más elevado posible. Algunas formas de purificar su hogar incluyen: pintar las paredes; lavar las alfombras o cambiarlas; colocar envases con alcohol en cada habitación por un mínimo de 24 horas; colocar cristales de cuarzo transparente a la luz de sol por cuatro horas (para limpiarlos de la energía negativa) y luego ponerlos en distintas habitaciones de su casa y quemar salvia o incienso en cada habitación.

Pero, quizá la mejor forma de limpiar cualquier ambiente es invocando a los ángeles. Pídale mentalmente al Arcángel Miguel y a su Banda de Misericordiosos que circulen el área y se lleven toda energía oscura o espíritus aferrados a la tierra. Puede ser posible que usted vea a Miguel con su visión espiritual. Si así es, lo verá comandando la tropa de los demás ángeles reuniendo todas las formas de energías bajas que pudieran interferir con su comunicación divina y su alegría de vivir.

Purificar sus relaciones. Aunque sin lugar a dudas usted ha sufrido en algunas de sus relaciones, puede elegir sanar las emociones residuales para limpiar cualquier pesadez u oscuridad. Esta es una parte importante del trabajo de purificación que lo ayudará a facilitar las conversaciones con sus ángeles. Ya sea que lleve consigo viejos dolores de la infancia, de la adolescencia o de un pasado reciente, puede liberar la negatividad que lo retiene. Los ángeles le recuerdan primero que todo, que cada sentimiento negativo que siente hacia otra persona tiene un efecto bumerán. Es imposible juzgar o culpar a otra persona y no sentir dolor emocional. Por mucho que queramos vernos como separados de una persona que vemos como "mala", a fin de cuentas dicha separación es imposible. Estamos unidos mutuamente para siempre. Esa es la razón por la cual usted se siente deprimido cuando está enojado con alguien. La ira que envía actúa como un rayo láser dirigido hacia un espejo, ¡y regresa de inmediato para atinarle a usted!

¡Los demás son nuestros espejos! Cuando los ángeles hablan de la necesidad de perdonar, no quieren que perdonemos por razones morales. Ellos saben que el juicio, el reproche y la ira son cargas para su alma. Ellos le piden que abandone esas cargas; esta es la verdadera definición de perdón. Significa liberarse.

Si no se siente listo para perdonar las acciones de otra persona, entonces perdone más bien a la persona. Vea a esa persona a través de los ojos de un ángel. El ángel de la guarda solamente ve la bondad, la verdad y la divinidad de esa persona. Los ángeles ven más alla de la personalidad superficial, de los errores y de las equivocaciones de una persona y ven directo en el corazón del individuo. Si ha leído respecto a las experiencias cercanas a la muerte, ha escuchado hablar del guía que nos acompaña. El amor de este ángel de la guarda que es incondicional y todo lo abarca, consume por medio de las llamas todos los miedos de aquellos que van camino al cielo.

Usted también puede tener un gran efecto sanador en el mundo, y al mismo tiempo sanar su relación consigo mismo y con los demás, observándose desde el punto de vista de los ángeles de la guarda. Cuanto más entrene su mente para ver el ángel que reside en el interior de todas las personas, más sabrá y apreciará el ángel que usted es en verdad.

Purificar sus horarios. A veces postergamos el crecimiento espiritual llenando nuestras agendas. Estar siempre ocupados asegura que no haya tiempo para explorar el ser interior. Por esa razón, los ángeles nos piden que purifiquemos nuestros horarios eliminando las actividades innecesarias o redundantes. Es buena idea hacer un inventario durante dos días y escribir la forma en que pasa su tiempo. Luego, observe las áreas en donde pierde el tiempo. No nos referimos a momentos de descanso, puesto que los ángeles creen firmemente en que el descanso es una actividad valiosa. Más bien, busque los momentos en que está ocupado pero sin resultados significativos. Estas son las actividades en las cuales usted se involucra por el hábito del miedo. Una vez que identifica sus desperdicios habituales de tiempo, le será más fácil cambiarlos por hábitos más sanos.

Sin embargo, si permanece ocupado a causa del miedo, puede resistir la guía angélica de reestructurar la forma en que pasa su tiempo. Después de todo, cuando está activo continuamente, no tiene tiempo para pensar en el propósito de su vida, su verdadero ser y Dios. No obstante, estos son asuntos muy importantes, ¿no es así? Después de todo, nada es más importante que cumplir con la misión sagrada para la cual hemos nacido. Nada en este mundo nos proporciona ni una fracción de la alegría comparada con llevar una vida siguiendo la subsistencia y las relaciones apropiadas.

Si escribe sus cinco prioridades, en otras palabras, lo que es verdaderamente importante para usted, puede comparar estas áreas con su agenda actual. Luego, pregúntese: "¿Estoy usando mi tiempo en formas que cumplen con mis prioridades?" Si no es así, busque entonces maneras diligentes de dejar las actividades de desperdicio de tiempo y reemplazar los nuevos espacios en su agenda con algo más personalmente significativo para usted. Puede descubrir que purificar sus horarios eleva sus niveles de energía y entusiasmo, tanto como cualquier otro paso que pueda tomar.

Los ángeles nos aconsejan encarecidamente que pasemos tanto tiempo como nos sea posible en la naturaleza en soledad. Haga de esto una de sus prioridades. El efecto sanador de la naturaleza, combinado con la soledad, nos ofrece la oportunidad perfecta para escuchar nuestro verdadero ser, a Dios y a los ángeles mientras nos hablan. Los ángeles de la naturaleza nos calman y nos apoyan. En este ambiente natural, sostendrá conversaciones más honestas consigo mismo y con el reino espiritual divino.

Purificar su cuerpo. Si se siente llamado a canalizar a los ángeles, es seguro que ha recibido guía interior respecto a su dieta y a su estilo de vida. Esta guía le urge que elimine el azúcar, los estimulantes, las carnes, el alcohol, los productos lácteos y otros alimentos de su dieta. Estos son mensajes muy reales enviados desde el cielo.

Sus consejos dietéticos son parte de la respuesta a sus plegarias pidiendo ayuda para escuchar las voces de Dios y de los ángeles. La razón por la cual sus ángeles intervienen en su dieta es para que su cuerpo se prepare para una nueva recalibración. La frecuencia vibratoria de los ángeles está a un nivel tan fino y elevado, que su cuerpo debe ser recalibrado antes de que pueda escucharlos. Es semejante a afinar un piano, para que cuando los dedos del pianista toquen sus teclas, el piano emita una música armoniosa.

Dios lo está llamando a ser un transmisor de los mensajes angélicos. Su sistema nervioso puede solamente lidiar con la frecuencia de los ángeles, si su cuerpo vibra a un nivel lo suficientemente elevado. Una dieta pobre crea estática en las líneas de comunicación con los ángeles, por esa razón, ellos le piden que purifique su cuerpo. Puede ser que reciba sugerencias sobre su dieta de parte de los ángeles en diversas formas: corazonadas o presentimientos; conocer "por coincidencia" un nutricionista o sentirse atraído hacia un libro vegetariano; escuchar una voz interior o ver visiones respecto a la comida.

Los ángeles dicen que toda la comida tiene mensajes internos y que estos mensajes nos afectan mucho después de haberla digerido. Cuando uno calibra su cuerpo con una frecuencia cada vez más elevada, los ángeles nos van pidiendo que consumamos productos cada vez más integrales y más naturales.

Por lo general, los ángeles nos piden primero que eliminemos la carne roja. Luego, nos piden que dejemos el pollo y el pavo, seguido por el pescado. La carne de los animales interfiere con la comunicación divina porque conlleva la energía del dolor que el animal sufrió durante su vida y su muerte. La energía del dolor tiene la vibración más baja y más densa de todas, y si usted consume alimentos llenos de dolor, su sistema nervioso no puede alcanzar su potencial de frecuencia más elevada.

Luego, es probable que los ángeles le aconsejen que reduzca el consumo de estimulantes como: cafeína, azúcar, chocolate y ciertas hierbas. Pueden pedirle que deje por completo todos los estimulantes, o pueden guiarlo hacia un cese gradual. También eliminan otros químicos que alteran el ánimo como el alcohol y la nicotina.

Después, sus ángeles pueden guiarlo a reducir el consumo o a eliminar los productos lácteos, ya que estos productos pueden obstruir nuestros canales del pensamiento y las emociones. Si esto ocurre, usted recibirá la guía de acudir a un buen nutricionista o a un libro sobre nutrición, o los ángeles le pedirán que consuma sustitutos de proteínas vegetarianos como tofú o nueces.

Mientras purifica cada vez más su cuerpo, gravitará naturalmente hacia una dieta rica en productos frescos y orgánicos, y en productos horneados hechos a base de granos germinados. Los cambios en su dieta no lo harán sentir como que se está privando de algo, más bien, se sentirá profundamente lleno de amor y alegría. Se adaptará a cada cambio en su estilo de vida hacia el cual los ángeles lo guíen con su amor. Cada paso en el camino, estará consciente de que usted tiene, al fin y al cabo, la última palabra respecto a su dieta.

No obstante, puesto que es su deseo escuchar la voz celestial, decidirá naturalmente tomar los pasos necesarios para aclarar sus canales de comunicación.

Esclarecer su relación con Dios

Algunas veces las personas se alejan de Dios. Quizá sufrieron de una gran desilusión y creyeron que Dios los había abandonado. O, quizá sufrieron en manos de miembros de un grupo religioso. Muy a menudo, el distanciamiento de Dios se deriva de la confusión respecto a la espiritualidad, la religión y la naturaleza de Dios y el hombre.

Es difícil escuchar la voz de Dios y de los ángeles cuando se siente distanciado del cielo. Sin embargo, nuestro ser superior está eternamente unido con su Creador en el cielo, no podemos absolvernos por completo de los pensamientos de Dios. Muy en lo profundo de nuestro ser, anhelamos disfrutar del alivio de la unidad total con los ángeles y con Dios.

¿Se pregunta a veces si Dios ama a otras personas más que a usted? ¿Le parece que los demás reciben mayor atención y recompensas que usted? ¿Sufrió de una pérdida que le hizo cuestionarse las motivaciones de Dios? ¿Fue criado temiendo a Dios?

Dios y los ángeles saben cómo se siente. Ellos saben, porque sus sentimientos y sus emociones son totalmente visibles en el mundo espiritual. Todas sus desilusiones, heridas y temores brillan como señales gigantes de neón a su alrededor.

Los ángeles realmente desean ayudarlo a recuperar la alegría de amar a Dios. Le piden que esté dispuesto a entregarles por completo la situación a ellos para que la puedan reparar. Exprésele a Dios y a los ángeles todas sus preocupaciones, molestias y temores. No se preocupe, no hay repercusiones por la honestidad, especialmente sabiendo que ellos ya saben todo lo que usted les va a decir. Lo más importante para sus ayudantes celestiales es que usted saque de su pecho todas esas emociones.

Después de haberle contado con franqueza a Dios y a sus ángeles todas sus frustraciones, desilusiones y temores, ellos le preguntarán si está dispuesto a intercambiar sus pensamientos dolorosos por creencias más pacíficas. Si usted está de acuerdo, entonces los ángeles comenzarán a sanar de inmediato su relación con Dios y con el cielo. Milagrosamente, descubrirá que sus pensamientos y sus sentimientos cambian hacia una nueva perspectiva.

Esta sanación ocurre en un nivel muy profundo. En primer lugar, teniendo en cuenta que su ser superior es uno con Dios, descubrirá que al sanar su relación con Dios mejora su relación consigo mismo. Se sentirá más feliz con su ser, porque se amará verdaderamente al igual que ama a Dios. En segundo lugar, puesto que todos los ángeles y las criaturas terrenales son uno con Dios, sentirá mayor compasión por ellos así como una mayor conexión.

Sin importar la ayuda que necesite, sin importar los bloqueos o limitaciones que crea tener, los ángeles tienen una solución esperándolo ahora mismo. Sólo pídalo.

Liberación espiritual con el arcángel Miguel

Las personas sensibles, también llamadas clarisensibles o empáticas, absorben con frecuencia la energía de los demás. Es posible que recuerde que una persona "clarisensible" es alguien que es altamente intuitivo y que recibe comunicación divina a través de sensaciones físicas y emociones.

Sin querer, los clarisensibles absorben los temores y las preocupaciones ajenas como una esponja lo hace con el agua. Esto es especialmente cierto en el caso de sanadores y maestros, cuya naturaleza amorosa atrae personas que depositan en ellos sus problemas. La persona con el problema siente alivio y se siente descargada después de contarle sus penas. Sin embargo, el clarisensible se siente drenado y pesado debido a que ha asumido las cargas de la otra persona.

Una persona agobiada tiene menos capacidad de ayudar al mundo, por eso es muy importante que los clarisensibles protejan y limpien sus campos de energía:

Evite los lugares en donde las personas abusan del alcohol y las drogas. Estos ambientes atraen personas que han muerto y están aferradas a la tierra, quienes disfrutan por cuenta ajena de la compañía de individuos intoxicados. Los trabajadores de la luz sensibles están propensos a recoger espíritus aferrados a la tierra, por esa razón es mejor evitar los bares, las fiestas de cocteles y las discotecas.

Evite los lugares donde las mentes están dominadas por el ego. Estos incluyen compañías con filosofías manipuladoras, medios de comunicación que venden chismes y miedos, organizaciones basadas en la competencia o en la envidia y grupos de baja moral.

Blíndese con luz. Si debe entrar a uno de estos ambientes, protéjase visualizando un muro blanco de luz, por lo menos de una pulgada de ancho, rodeándolo como un escudo. Puede poner una pared entre usted y la otra persona, o puede encajonarse en ella por completo.

Enfóquese en el amor, la luz y la verdad. Cada vez que hable con una persona que esté en su ego, reclame la verdad ya sea mental o verbalmente. No se permita ver el miedo de la otra persona como real, o invocará su propio ego. Recuerde siempre que al igual que usted ve a los demás, así se ve a sí mismo. Es mejor escuchar con compasión como si estas personas estuvieran describiendo una película que los atemoriza por completo. Usted sentirá compasión por sus sentimientos, pero sabrá que la fuente de su miedo es irreal.

El arcángel Miguel es el protector supremo y el ángel de la guarda de la Tierra. Él purifica el planeta y su población de la oscuridad. Si se siente drenado o irritable, es probable que haya absorbido la oscuridad. La oscuridad no es nada, en realidad, porque es el miedo o la ilusión de la ausencia de amor. Puesto que la ausencia de amor es imposible, no hay nada que temer. Sin embargo, mientras creamos que somos cuerpos en un planeta material, las reglas de los espíritus aferrados a la tierra nos seguirán afectando. Una de esas reglas es que la energía oscura reduce nuestra energía y nuestros ánimos.

Al momento en que usted se dé cuenta que se siente agotado o molesto, puede estar totalmente seguro de que tras eso hay un pensamiento carente de amor. Es probable que, de alguna manera, se haya identificado con los temores o las preocupaciones ajenas, ya sea porque ha juzgado, ha sentido piedad o se ha enojado con otra persona. Cuando nos identificamos *de cualquier forma* con los temores ajenos, absorbemos su energía oscura y nos convertimos en uno con ellos a través de nuestra empatía.

Ahora, no tiene que luchar solo para despojarse de la oscuridad y el miedo absorbidos. Puede invocar al arcángel Miguel. Él no necesita una invocación formal, solamente un deseo sincero de su ayuda. Decir o pensar: "Miguel, ¡por favor, ayúdame!" es suficiente para evocar su ayuda de inmediato.

Usted sabe que Miguel está cerca porque siente un cambio intenso y repentino en la presión atmosférica. Su presencia se siente como un abrazo etéreo, calmante pero no codependiente. Miguel nos ama y nos protege, pero no nos ve como inútiles, ¡él ve nuestro verdadero poder!

Luego, pídale (mentalmente o en voz alta) que aleje toda oscuridad. Usted no tiene que ayudar a Miguel de ninguna manera. De hecho, cuando tratamos de ayudar a Miguel a ayudarnos, a menudo interceptamos su camino. Es mejor echarnos para atrás, volvernos totalmente vulnerables y confiar en su ayuda. No retenga ningún secreto ni asunto, él puede verlos todos de todas maneras. Pero no puede ayudarlo en las áreas en que usted no lo permite.

Puede ser que usted sienta que Miguel abre la parte de arriba de su cabeza, en el área de su chacra de la corona. Miguel y sus ayudantes, conocidos como la "Banda de los Misericordiosos", pueden entrar en su cuerpo y recoger todas las formas de pensamientos de sus células como si recogieran manzanas. Miguel también usa una herramienta similar a una aspiradora para succionar rápidamente su oscuridad. Cuando la oscuridad ha partido, él invierte la aspiradora para que pueda verter en su cuerpo una energía blanca parecida a la pasta dental y así llenar los espacios en donde residía previamente la oscuridad.

También puede sentir a Miguel cortando las "cuerdas etéreas" que se extienden entre usted y otra persona. Todo el mundo, no solamente los clarisensibles, construyen estas cuerdas con las personas cercanas. Parecen arterias y vienen en varios grados de espesor. Por lo general, las cuerdas etéreas están atadas a nuestros centros de energía de los principales chacras, tales como del corazón al corazón, del plexo solar al plexo solar. Estas cuerdas no implican un problema cuando ocurren entre dos personas altamente evolucionadas. Sin embargo, usted puede tener una cuerda atada, por ejemplo, a una hermana que está pasando por una crisis en su vida. En tales casos, es probable que su hermana se esté alimentando de su energía a través de la cuerda etérea entre ustedes dos. Entonces, usted se siente agotado sin saber por qué. La razón es que su hermana está actuando como un ladrón de energía, en vez de extraerla de su propia fuente natural de energía.

Cuando invoca al arcángel Miguel para que lo ayude a revitalizar su energía y su actitud, él usa su espada para cortar todas las cuerdas etéreas que lo agotan. Miguel y su Banda de los Misericordiosos (sus ayudantes angélicos) también reúnen espíritus errantes aferrados a la tierra que estén atados a usted. Estas personas aferradas a la tierra pertenecen al plano del Más Allá. Miguel las escolta a la luz para su propio crecimiento espiritual. Muy a menudo, estos espíritus no son conscientes de que están muertos. En otros casos, sienten temor de ir hacia la luz.

A veces sienten miedo de un Dios furioso y castigador, o no quieren dejar sus posesiones materiales acumuladas durante la vida terrenal. Como lo mencioné con anterioridad, algunos espíritus atados a la tierra que abusaban del consumo de las drogas y el alcohol durante sus vidas, andan cerca de los bares y las fiestas para absorber la energía de la intoxicación.

Los trabajadores de la luz empáticos deben vigilar con atención sus niveles de energía y de ánimo, para asegurarse de protegerse contra la acumulación de mugre psíquica causada por temores, preocupaciones y espíritus aferrados a la tierra. Nunca tema abusar de la ayuda del arcángel Miguel. Él puede estar en muchos lugares y con muchas personas simultáneamente, porque vive en una dimensión sin restricciones de tiempo ni espacio. Puede pedirle que viva siempre con usted si así lo desea. No hay restricciones ni limitaciones, excepto las que usted decida por sí mismo.

Por supuesto, tener a Miguel a nuestro lado no supone la desobediencia de nuestra Voz Divina, la cual nos ofrece guía racional para permanecer seguros en el plano terrenal material. Si su maestro interior le advierte que se aleje de cierto lugar, no sería muy sabio ignorar esta advertencia solamente porque le haya pedido a Miguel que lo acompañe. Miguel es un servidor y protector maravilloso, pero él, al igual que Dios y los ángeles, no usurparán nuestra responsabilidad personal de tomar decisiones.

Seguridad espiritual

Usted está a salvo en este mundo, en verdad, porque nada puede perjudicar su verdadero ser. La muerte, las heridas y las pérdidas son ilusiones del mundo material. Mantener estas verdades en su corazón y en su mente es el máximo secreto que le permitirá caminar en total seguridad, dondequiera que esté.

Los ángeles lo ayudarán a sentirse seguro y protegido rodeándolo con su energía amorosa. Por ejemplo, antes de acostarse a dormir, visualice su hogar rodeado de luz blanca. Ésta es una forma muy real de "sellar" su hogar y aislarlo contra cualquier energía baja. Luego, mentalmente, pida que cuatro ángeles guardianes se coloquen al norte, al sur, al oriente y al occidente de su casa.

Supongamos que hay una persona que se deja guiar por el ego con pensamientos como: "debo robarle a los demás para cumplir con mis necesidades materiales." También supongamos que esta persona está rondando su vecindario de noche, creyendo que el robo es su única fuente de ingresos. Su hogar, protegido por los ángeles, va a repeler a esta persona atada a su ego. No sabrá por qué, pero su hogar no lo atraerá.

Para las fuerzas negativas es imposible penetrar la amorosa protección de los ángeles. La energía angélica desvía la baja energía de aquellos con intenciones malvadas, como dos imanes que se repelen. Los ángeles también le advertirán si necesita información para evitar situaciones peligrosas. Esta es otra razón por la cual es buena idea acostarse con la mente clara y sobria. Después de todo, debemos tener acceso a nuestros sueños para nuestro crecimiento, seguridad y protección.

Pídale a sus ángeles que lo rodeen siempre a usted y a sus seres queridos. Cuando estoy en los aviones, le pido a los ángeles que rodeen y sostengan la aeronave. En los automóviles, invoco a los ángeles para que guíen el vehículo y protejan sus llantas, su carrocería y su motor.

Si está en un ambiente poco familiar, o en cualquier lugar en que se sienta inseguro o rechazado, invoque a los ángeles por protección. Si va caminando solo por una calle desierta, sus ángeles volarán delante de usted para aclarar su sendero. En una situación en que alguien tiene intenciones crueles o deshonestas, sus ángeles intervendrán por usted. Si alguien está a punto de traicionarlo, recibirá advertencias de sus ángeles como fuertes corazonadas. Por favor, ¡no ignore estas respuestas invisibles a sus plegarias!

En vez de tratar de controlar o arreglar situaciones en un nivel humano, sus ángeles trabajarán con usted desde el plano espiritual. Ellos le recordarán constantemente que usted tiene el poder que necesita, ahora mismo, en su interior. Usted y los ángeles son semejantes, en el sentido de que ambos son creaciones del mismo Hacedor todopoderoso y que es puro amor. Usted puede invocar su poder divino para sanar cualquier situación, y trabajar en equipo con sus ángeles para brillar con su verdad y su amor dondequiera que vaya.

Nuestros seres queridos son muy importantes y podemos enviarles ángeles para guiarlos, cuidarlos y protegerlos. Visualice a su hijo rodeado de docenas de ángeles sabios y amorosos. Sepa que su visualización es la invitación que atrae de inmediato a estos seres angélicos al lado de su hijo. Si tiene amigos que están pasando por momentos dolorosos, pídale a los ángeles que los apoyen y los ayuden.

También puede pedir guía y cuidados para su ciudad, nación y planeta, enviando ángeles a los centros de poder militares y políticos. Pida que el Reino Angélico rodee a los líderes del gobierno con sabiduría elevada y amor celestial. Vea a los ángeles revoloteando alegres cerca de los capitolios y los tribunales del mundo. Sepa que sus visualizaciones contribuyen con poderosa energía sanadora, que sintoniza las mentes de los líderes a su máximo potencial de bondad para todos los involucrados. Los ángeles ayudan a estos líderes a soltar sus preocupaciones basadas en el ego y a conectarse con la mente universal de la inteligencia divina.

Terapia angélica

He sido psicóloga espiritual por muchos años y he visto o tratado casi todas las formas de terapia disponibles. Poseo licenciaturas, maestrías y doctorados en psicología y he sido directora de dos programas psiquiátricos con pacientes residentes y tres con pacientes ambulatorios. He sido testigo de tratamientos psiquiátricos con terapia de electrochoques, con el uso de varias drogas y con psicoanálisis tradicional. He presenciado el fruto de la terapia jungiana, freudiana y rogeriana. He asistido a talleres dictados por psicólogos tan fantásticos como Carl Rogers, Rollo May y William Glasser. Menciono todo esto como una base para lo que voy a decir a continuación.

En mi trabajo con clientes que llevan largo tiempo con bloqueos emocionales, por lo general, viejos resentimientos hacia ellos mismos, hacia alguien que abusó de ellos tales como un padre, un hermano o un exesposo, he descubierto que la única barrera en su camino está en *su decisión de liberarse de esos bloqueos*. Si una persona decide permanecer infeliz, no existe cantidad de terapia en el mundo que pueda ser efectiva. Es solamente cuando la persona dice: "Estoy *dispuesto* a sanarme", que ocurre la sanación.

Con mucha frecuencia, los clientes no están dispuestos a sanarse porque temen las repercusiones relacionadas con su salud emocional y física. Temen al aburrimiento de una vida libre de crisis. Temen realizar cambios en sus pensamientos y en sus conductas. Temen que la salud, o el proceso de sanarse, sea más doloroso que la enfermedad.

Ése es el momento en que la terapia angélica surge. Es la forma de sanación más rápida, más efectiva y más divertida que he descubierto. Debo agradecerle a los ángeles por enseñarme sus métodos terapéuticos. Siguiendo la advertencia del ángel respecto a que iban a robar mi auto, comencé a pedirle consejo a mis ángeles en todas las áreas de mi vida, incluyendo mi trabajo como consejera.

Sus consejos respecto a la sanación continuaron durante todo el tiempo que escribí este libro. Los mensajes recibidos en la Primera Parte han influido en mi trabajo actual como consejera. Me han enseñando el método que describo en este capítulo y me han asegurado que sería bien recibido. Comencé a usarlo solamente con mis pacientes a largo término. Luego, comencé a enseñar y a demostrar este método con las audiencias de mis seminarios. Después de recibir constantemente respuestas positivas respecto a los resultados de la terapia angélica, decidí incorporarla en todas mis sesiones.

Hoy en día, mi trabajo consiste en escuchar a mis clientes y transmitirles los mensajes que escucho de sus ángeles. Uso una combinación de clarividencia, clariaudiencia y cartas oráculas de ángeles para recibir estos mensajes. Después de identificar los bloqueos emocionales que obstaculizan el camino de mi cliente, uso la terapia angélica para alejar los bloqueos. Algunos de los bloqueos más comunes identificados por los ángeles, incluyen: la baja autoestima, las obsesiones con el dinero, la falta de perdón hacia sí mismo o hacia otra persona, la envidia, el sentimiento de inseguridad y el temor de no cumplir con el propósito de vida personal.

La terapia angélica comienza con la comprensión de que cada vez que siente dolor, ya sea físico o emocional, significa que ha escogido un pensamiento de su ser inferior o ego. Ahora, haré un breve resumen de cómo ocurre esto. Los detalles relacionados al ego no son cruciales para que funcione la terapia angélica; sin embargo, es útil comprender la dinámica del dolor y de la sanación.

Puesto que Dios solamente creó el amor, el dolor es irreal. El dolor está enraizado en la idea basada en el ego que dice: "Estoy separado de Dios y de los demás." El ego es completamente incapaz de amar, y crea ideas que van de la irritación al asesinato. Algunas veces, los trabajadores espirituales se sienten horrorizados de tener pensamientos poco amorosos. Piensan: "*¡Debe haber algo malo en mí! Una persona espiritual no debería pensar de esa manera*" y luego, concluyen que han retrocedido en el sendero espiritual.

Cuando juzgamos una idea del ego como "mala" o "buena", le damos al ego poder y la ilusión de realidad. Una mejor forma de lidiar con las ideas del ego está basada en el enfoque oriental: simplemente adviértalo sin juicio. "¡Oh! Veo que estoy en el ego de la ira, la envidia, la competencia o (lo que usted sienta que sea)."

Todos los pensamientos crean formas etéreas, las cuales los clarividentes ven como burbujas de jabón. No existen pensamientos neutrales ni periodos de tiempo en que sus pensamientos no creen una forma. Estas formas salen al mundo físico y manifiestan creaciones que reflejan sus pensamientos.

En la terapia angélica, usted nota su pensamiento del ego y luego invoca a los ángeles para que lo rodeen. De inmediato, ellos acuden a su lado. Quizá usted los ve o siente su presencia por un cambio en la presión de aire a su alrededor.

Visualice o sienta su pensamiento basado en el ego como una burbuja de jabón del tamaño de una sandía transparente. Imagínese mentalmente sosteniendo la forma de pensamiento en la mano con la cual normalmente escribe. Esta es su mano liberadora. Luego, vea o sienta que le entrega la burbuja de la forma de pensamiento a los ángeles.

Ellos se llevan de inmediato la burbuja, y se la entregan a la Luz, en donde es purificada. Los ángeles retornan su forma de pensamiento a su forma purista, la cual es el amor. Este amor puede contener ideas que le ayuden a transformar algunos rasgos de su personalidad o circunstancias en su vida. De esta manera, puede corregir cualquier hábito creado como consecuencia del pensamiento original basado en el ego.

Después de sentir alivio del dolor, es importante agradecer a sus ángeles. Su gratitud y su felicidad son su "forma de pago" por los servicios prestados. Si se une a ellos para la gloria de Dios, Quien es uno con su ser superior, los ángeles quedarán doblemente deleitados.

Envuelto en alas angélicas

Usted nunca está solo, los ángeles lo acompañan constantemente, incluso cuando no es consciente de su presencia. Los ángeles desean relacionarse con usted con mayor frecuencia. A ellos les encanta involucrarse con todos los aspectos de su vida, pero no pueden ayudarlo a menos que lo pida específicamente. Como muchas prácticas que son buenas para nosotros, como la meditación y el ejercicio, nos beneficiamos al hacer de la comunicación angélica parte normal de nuestras vidas. Rodeése de recordatorios tales como estatuas y carteles de ángeles, para que no olvide invocar a sus amigos celestiales en busca de ayuda y apoyo.

No tenemos que esperar a que haya una crisis o a que estemos presionados para pedirle ayuda a nuestros ángeles. De hecho, es buena idea trabajar con ellos en cualquier situación en ciernes, antes de que llegue a su punto de ebullición. Sin embargo, si olvida incluir a sus ángeles en sus planes, ellos pueden de todas maneras acudir a su llamado de "socorro" si se siente atascado.

No hay límites en cuanto a la participación de los ángeles en su vida. Ellos son seres extremadamente poderosos. Una vez que los invita a su vida, prepárese, porque ella cambiará en formas milagrosas. Si usted no está totalmente convencido de la existencia de los ángeles, sabrá que son reales cuando les pida ayuda y la reciba dos o tres veces.

El Reino Angélico lo ama y ellos lo ven como usted es en su interior: un hijo inocente y perfecto de Dios. Ellos saben que usted ha cometido errores ocasionales al igual que el resto de nosotros. Sin embargo, los ángeles pasan por alto nuestros errores y ven el amor y las buenas intenciones en nuestros corazones. Véase y vea a los demás a través de los ojos de un ángel, y verá un mundo hermoso lleno de luz, brillo y esperanza.

Usted es un ángel y una bendición para este mundo.

Agradecimientos

Dios, los ángeles y algunas personas muy angelicales trabajaron en conjunto para crear este libro. Mi eterna gratitud a todos ustedes, Creador Amado y ángeles celestiales. ¡Gracias Miguel, Rafael, Gabriel y Uriel! ¡Gracias Frederique y Pearl! Y mil gracias de todo corazón a Emmet Fox y al Consejo de los Sabios.

Deseo agradecer a Louise L. Hay por su gentileza, sabiduría y amor; a Reid Tracy, por su calidez, su guía y su apoyo; a Jill Kramer, por su increíble e intuitivo trabajo con las palabras, el amor y los ángeles; a Christy Salinas, por su talento artístico y creativo, así como por su naturaleza amorosa; a Kristina Tracy, por su increíble dedicación a la propagación de la palabra del amor de Dios; a Margarete Nielsen, por su ayuda maravillosa y entusiasta con mis talleres; a Barbara Bouse, por su energía infinita y su entusiasmo al apoyar a los autores de Hay House y las maravillosas conferencias de las Mujeres Empoderadoras; a Jeannie Liberati, por sus valientes viajes interiores y exteriores en búsqueda de un propósito tremendamente sanador; a Ron Tillinghast, por ser parte instrumental en el apoyo de mis libros y mis conferencias.

También agradezco a Lisa Kelm, Adrian Eddie Sandoval, Gwen Washington, Drew Bennett, Joe Coburn, Janice Griffin, Polly Tracy, Lynn Collins, Dee Bakker y a todo el personal de Hay House.

Además, deseo agradecer a los coordinadores de las iglesias, conferencias y exposiciones que me han invitado a dar charlas sobre la comunicación con Dios y los ángeles. Gracias Debra Evans, Ken Kaufman y Gregory Roberts de The Whole Life Expo; Michael Baietti y Mecky Myers de The Health & Life Enrichment Expo; doctora

Carolyn Miller, doctor Richard Neves, Robert Strouse, doctora Susan Stevenson y doctora Leticia Oliver del Instituto Americano de Hipnoterapia; Robin Rose y Karen Schieb de La Conferencia Universal de Trabajadores de la Luz; Shanti Toll y Stella de la Celebración Metafísica; Ken Harsh de Universal Light Expo, y muchos otros que me han brindado la oportunidad de comunicarme con los ángeles de tantas personas.

Un millón de gracias a las editoriales de revistas metafísicas por su apoyo, su amor y su luz, incluyendo a David Allikas de *Psychic Advisor*; Donny Walker de *In the Light*; David Young de *The New Times* en Seattle; Gary Beckman e Insiah Vawda Beckman de *The Edge* en Minnesota; Cindy Saul y Gerri Magee de *PhenomeNews* in Michigan; Joe y Shantih Moriarty de *Awakenings* en Laguna Hills, California; Sydney Murray de *Vision* en San Diego; Andrea DeMichalis de *Horizons* en la Florida, y a todos aquellos que han sido parte instrumental en extender el amor y la luz a través de los medios impresos.

Acerca de Doreen Virtue

Hija de una sanadora espiritual, Doreen Virtue creció en un entorno de experiencias milagrosas. Sin embargo, nada la había preparado para la intervención angélica que salvó su vida durante un atentado de robo violento de su automóvil. Este roce con la muerte hizo que Doreen le pidiera a los ángeles respuestas, guía y ayuda. Ellos le contestaron su solicitud con palabras claras, amorosas y hermosas.

Doreen posee varias licenciaturas, maestrías y doctorados en psicoterapia, y fue directora de dos hospitales psiquiátricos con pacientes residentes. Después de comenzar a trabajar con el Reino Angélico, empezó a enseñar tanto a clientes como a los miembros de su audiencia acerca de cómo escuchar las voces de sus propios ángeles de la guarda. En *Terapia Angélica,* Doreen les entrega estos mensajes celestiales a sus lectores.

Doreen es doctora espiritual en psicología y le enseña a sus clientes a sanar sus emociones, su mente y su cuerpo por medio de la intervención angélica, lo cual ella denomina: "Terapia angélica." Doreen dicta talleres para escuchar la Guía Divina a lo largo de los Estados Unidos. Para obtener el cronograma de sus talleres, por favor comuníquese con Hay House.

Si desea contactar a Doreen Virtue, por favor escríbale por intermedio de Hay House o visite su página de Internet: **www.AngelTherapy.com**

Notas

Notas

Notas

Notas

Achevé d'imprimer en avril 2014
sur les presses de la **N**ouvelle **I**mprimerie **L**aballery
58500 Clamecy
Dépôt légal : avril 2014
N° d'impression : 404023

Imprimé en France

La **N**ouvelle **I**mprimerie **L**aballery est titulaire de la marque Imprim'Vert®